EUGÈNE IONESCO / CLAUDE BONNEFOY

BEKENNTNISSE UND GESPRÄCHE

W0191612

EUGÈNE IONESCO

BEKENNTNISSE

NACH DEN GESPRÄCHEN AUFGE-

ZEICHNET VON CLAUDE BONNEFOY

IM VERLAG DER ARCHE IN ZÜRICH

Titel des französischen Orginals:
Entretiens avec Eugène Ionesco
Erschienen 1966 bei Editions Pierre Belfond, Paris
Berechtigte Übertragung von Sonja Spörri-Bütler

Die Zeichnungen auf Seite 2 und 5
stammen von Eugène Ionesco

KINDHEIT UND FRÜHE EINFLÜSSE

CLAUDE BONNEFOY: *Im Jahre 1950 erschien ein neuer Dramatiker: Sie, Eugène Ionesco. Ihr erstes Stück «Die kahle Sängerin» (La Cantatrice Chauve) wurde von Nicolas Bataille im Théâtre des Noctambules inszeniert; es war so überraschend, brach so entschieden mit dem, woran das Publikum gewöhnt war, daß es heftige Reaktionen auslöste — begeisterte Zustimmung und schärfste Ablehnung. Obschon es immer noch Leute gibt, die nicht verstehen wollen — oder sich weigern, im Benehmen und im Geschwätz der Ehepaare Smith und Martin ihre eigene Nichtigkeit wiederzuerkennen —, so ist «Die kahle Sängerin» heute ein Klassiker des modernen Theaters geworden. Sie sind ein berühmter Autor, und Ihre Stücke werden nicht nur auf der ganzen Welt gespielt, sondern auch studiert und interpretiert.*
Aber ein Autor wird nicht mit seinem ersten Werk geboren. Es bedingt vorgängig eine Betrachtung der Literatur, des Theaters, der Welt; oft gehen ihm zahlreiche Versuche voraus. Hinter dem Werk steht auch ein Mensch, ein Leben, das heißt eine Summe von Erlebnissen, Gefühlen, Leidenschaften, Träumen.
Bevor wir über Ihr Theater, Ihre dramatischen Vorstellungen, über die Themen, die Ihnen am Herzen liegen, sprechen — vielleicht auch über Ihre Reaktionen auf bestimmte Interpretationen durch die Kritik —, möchte ich gern, auf der Suche nach Ereignissen, Überlegungen, Empfindungen, Entdeckungen, die für Sie entscheidend waren, mit Ihnen in Ihre Vergangenheit hinuntersteigen, ungefähr so, wie es Choubert in «Opfer der Pflicht» (Victimes du Devoir) auf Befehl des Inspektors tut. Aber Sie können ganz ruhig sein, ich werde nicht so grausam wie der Inspektor sein. Mir liegt daran, Empfindungen, Vorstellungen zu finden, die Sie zum Schreiben veranlaßt haben. Das ist der Zweck unserer Fra-

gen. Sie haben am Schluß der «Photographie des Obersten» (La Photo du Colonel) Bruchstücke aus einem Tagebuch veröffentlicht: «Frühling 1939» (Printemps 1939), worin Sie Ihre Kindheit heraufbeschwören. Nun, Ihr Theater ist dem Traume sehr verpflichtet, begegnet man da nicht Ihren Kinderträumen?

EUGÈNE IONESCO: Kinderträume? Nein. Ich habe Kindheitserinnerungen, Bilder aus der Kindheit, Lichter und Farben aus der Kindheit. Die Träume, die oft den Stoff zu meinen Stücken abgeben, müssen noch frisch sein, damit ich mich genau erinnern kann. Ich messe dem Traum große Bedeutung zu; denn er schenkt mir eine schärfere und durchdringendere Schau meiner selbst. Träumen — das heißt denken, und zwar auf eine viel tiefere, viel wahrere, viel echtere Art denken; im Traum ist man wie über sich selbst gebeugt. Der Traum ist eine Art Meditation, innere Sammlung. Er ist ein Denken in Bildern. Manchmal ist er außerordentlich enthüllend, grausam. Er ist eine leuchtende Gewißheit.

Für jemanden, der Theaterstücke schreibt, kann der Traum ein wesenhaft dramatisches Ereignis bedeuten. Der Traum ist das Drama an sich. Im Traum befindet man sich immer in der Handlung. Ich glaube, daß der Traum beides zusammen ist, lichtes Denken — lichter als im Zustand des Wachseins, Denken in Bildern — und bereits Theater, daß er immer ein Drama ist, weil man im Traum immer in der Handlung steht. Wir werden darauf zurückkommen.

Könnten Sie diese Kindheitserinnerungen, diese Bilder aus der Kindheit heraufbeschwören? Welche Empfindungen haben Sie bestimmt?

Die Traurigkeit meiner Mutter, das Erlebnis des Todes, auch die Einsamkeit meiner Mutter; das ist die negative Seite. Dann aber auch die Kindheit auf dem Lande in La Chapelle Anthenaise, die Tage des Überflusses, des Glücks, des Lichtes, die ich dort erlebt habe.

Wie war dieses Erlebnis der Einsamkeit?
Nicht der Einsamkeit. Der Einsamkeit meiner Mutter. Es ist schwer zu erklären. Mein Vater mußte nach Bukarest zurückkehren; und ich sah, wie sie ganz allein und unglücklich war, wie sie mitten in der Grausamkeit der Welt — fast wie Josephine im «Fußgänger der Luft» (Le Piéton de l'Air) — hart um das tägliche Brot kämpfte.

Und das Erlebnis des Todes?
Ich habe schon beschrieben, was ich empfand, wenn ich Beerdigungen sah, wenn die Trauerzüge unter den Fenstern unserer Wohnung vorbeizogen, und wie ich meine Mutter fragte, was das bedeute: «Es ist jemand gestorben». «Warum ist er gestorben?» «Dieser Mensch ist gestorben, weil er krank war.» Zum Schluß verstand ich, daß man an einer Krankheit oder an einem Unfall starb, daß der Tod jedenfalls zufällig war, und daß man nie sterben würde, wenn man gut darauf achtgab, nicht krank zu werden, wenn man folgsam das große Halstuch umlegte, wenn man die Medizin brav einnahm und auf die Autos aufpaßte. Das beunruhigte mich, vor allem weil ich bemerkt hatte, daß man alterte. Ich sagte mir: «Wie lange kann man alt werden? Wie weit kann das gehen?» Ich stellte mir einen alternden Mann vor; ich sah, wie er größer wurde; dann sah ich, wie er einen krummen Rücken bekam; ich sah, daß sein Bart immer weißer und immer länger wurde, daß er ihn auf der Straße nachschleifte, daß er selbst immer gebückter ging. Ich sagte mir: «Nein, das muß einmal ein Ende haben, das ist nicht möglich!» Eines Tages fragte ich meine Mutter: «Müssen wir alle sterben? Sag mir die Wahrheit!» Sie sagte: «Ja.» Ich war damals etwa vier oder fünf Jahre alt; ich saß am Boden, sie stand vor mir. Ich sehe sie noch heute. Sie hielt die Hände auf dem Rücken. Sie lehnte sich an die Wand. Als sie sah, daß ich schluchzte — denn ich hatte plötzlich angefangen zu weinen —, schaute sie mich hilflos, ohnmächtig an. Ich hatte große Angst. Vor allem dachte ich, sie würde sicher eines Tages sterben, das

quälte mich ... Fürchtete ich ihren Tod noch mehr als den Tod an sich? Es ist seltsam, wie alle diese Eindrücke, alle diese Angstvorstellungen verschwanden, als ich auf dem Lande lebte, wo ich drei Jahre verbrachte, weit entfernt von meiner Mutter, die vielleicht die unbewußte Ursache meiner Angst war.

Sind diese Angstvorstellungen später wiedergekommen?
Sie sind wiedergekommen, sie plagen mich. Nach meiner Rückkehr aus La Chapelle Anthenaise kamen sie wieder, ich weiß nicht genau, wann; denn ich hatte die Zeit entdeckt: die Donnerstage und die Sonntage, denen unfehlbar die Montage folgten. Ein Festtag dauerte nie so lange, daß er nicht doch ein Ende fand. Jede Freude barg im Innern ein Loch, das sie verschlang. Jede Stunde wurde in die Vergangenheit geworfen. In La Chapelle Anthenaise gab es keine Zeit. Ich lebte in der Gegenwart. Leben, das war Gnade, Lebensfreude.

Wie alt waren Sie damals?
Acht, neun Jahre, zehn Jahre.

Und was bedeutet Ihnen dieses Erlebnis auf dem Lande?
Überfluß; Sinnbild des Paradieses, wenn ich so sagen darf. Jener Ort ist für mich immer wie das Bild eines verlorenen Paradieses. Ich verließ ihn und ging nach Paris, später nach Rumänien. Er entfernte sich gleichzeitig geographisch und zeitlich.

Warum war es ein Paradies?
Warum? ... Warum? ... Warum? ... Es war, als ob die Dinge sich entfernten, zurückkämen, ohne daß ich mich bewegte: ein Frühling verging mit seinem Himmel und seinen Blumen, er wurde durch den Sommer ersetzt, den Winter, die mir andere Farben, andere Dekorationen brachten. Die Welt drehte sich um mich, die Zeit war ein Rad, ja, ein Rad, das

sich um mich drehte, während ich mich unbeweglich, ewig fühlte. Ich war der Mittelpunkt der Welt; aber ach, eine Zentrifugalkraft stieß mich in die Kreisbewegung, in die Zeit. Ich wohnte in einem sehr schönen, sehr alten Hause. Es war kein Schloß, es war ein alter Bauernhof und hieß «die Mühle». Tatsächlich war es eine alte Mühle, die seit hundert Jahren nicht mehr benutzt wurde ... Das Haus hatte eine ungewöhnliche Lage, an der Kreuzung von drei oder vier Wegen, ringsum Hügel, viele ganz kleine Hügel, Gebüsche. Es war im eigentlichen Sinne ein Nest, eine Zuflucht. Ich hatte in dem Hause, das wie alle alten Bauernhäuser eher düster war, ein Gefühl behaglicher Geborgenheit ... Alles diente dem Sinnbildlichen. Da wir unten in dem kleinen Tal wohnten, mußten wir, um ins Dorf zu gelangen, einen kleinen, steilen Fußweg hinaufsteigen. Wenn man dort hinaufkletterte, sah man oben zuallererst den Kirchturm. Ich erinnere mich an einen sehr glücklichen, strahlenden Morgen; ich ging im Sonntagsanzug zur Kirche. Ich sehe noch den blauen Himmel und im Himmel die Kirchturmspitze. Ich höre noch die Glocken. Da war der Himmel, da war die Erde, die vollkommene Vermählung des Himmels mit der Erde. Gewisse Psychoanalytiker, die Jungianer, behaupten, glaube ich, daß wir in uns die Trennung von Erde und Himmel erleiden. Nun, dort waren Himmel und Erde wirklich vermählt.

Heute versuche ich mir zu erklären, warum ich mich so grenzenlos glücklich fühlte. Damals erlebte ich dieses Paradies. Da waren die Farben, Farben von einer Frische und Stärke, die sie nie wieder haben werden, die Farben, die ich am liebsten habe, vor allem ein jungfräuliches, reines Blau. Da waren die Schlüsselblumen im Frühling, der Weg, der sich auftat. Auch das war geheimnisvoll, auch das hatte einen tiefen Sinn, eine Urwahrheit. Im Winter war der Weg verschlammt, buchstäblich verschlossen. Man kam nicht durch. Dann, mit einem Schlag, machte die Landschaft eine Verklärung durch. Alles füllte sich mit lebendigen Blumen,

Eichhörnchen, Singvögeln, vergoldeten Insekten ... Ich spürte es wirklich, das war die Wiederauferstehung der toten Welt, der Welt aus Schlamm, versteinerten Bäumen, deren ausgestreckte Arme neues Leben gewannen.

Für Sie war also die Übereinstimmung mit dem Rhythmus der Natur der wesentliche Eindruck?
Ja, und die Gewißheit der Wiederauferstehung. Da war noch etwas: die Freiheit. Als ich dann mit elf Jahren nach Paris kam, war ich sehr unglücklich. Ich hatte den Eindruck von einem Gefängnis. Die Straßen mit ihren großen Häusern waren für mich wie Gefängnismauern.

Die Freiheit auf dem Lande, war das nicht der Raum?
Das Land war Raum und Nest in einem.

In «Frühling 1939» erzählen Sie, daß Sie mit den Dorfkindern zur Schule gegangen sind. Hatten Sie den Eindruck, daß die Schule in La Chapelle Anthenaise anders war als in Paris?
O ja!

Aber es war doch derselbe Lehrstoff.
Ja, aber die Dorfschule war keine Kaserne. Sie war ein winziges Häuschen. Das Dorf war klein, ein paar hundert Einwohner. Wir waren fünfundvierzig bis fünfzig Schüler. Die einzige Klasse bestand aus drei Abteilungen. Der Lehrer hielt sich mal bei der einen, mal bei der andern Abteilung auf. Dort war alles kleiner, es entsprach mehr dem Maß des Menschen. Das Dorf war ein Kosmos, Nest und Raum, notwendige Einsamkeit und Gemeinschaft in einem. Es war keine beschränkte, sondern eine vollständige Welt.

Vollständig und vertraut?
Alles hatte ein Gesicht. Die Religion hatte ein Gesicht, das war der Pfarrer. Die Behörde hatte ein Gesicht, das war der

Bürgermeister, das war der Feldhüter. Die Wissenschaft hatte ein Gesicht, das war der Schulmeister. Das Handwerk hatte ein Gesicht, das war der Schmied. Alles war zur Person geworden, war konkret.

Bestand für Sie unter diesen Umständen nicht die Versuchung, die Gefühle, die Sie für den Pfarrer, den Feldhüter, den Lehrer empfanden, auf die Institutionen oder die Werte, die sie darstellten, zu projizieren?

Nein. Die Funktion wurde sichtbar, konkret, doch man unterschied sehr wohl zwischen Funktion und Person. Man unterschied zum Beispiel sehr wohl zwischen der Funktion des Priesters und dem Pfarrherrn, der trank und über den man lachte. Das hinderte uns nicht, gläubig zu sein, zur Kirche zu gehen, den Katechismus zu lernen. Genauso beim Schulmeister. Das war Herr Guéné, der Ärger mit der Familie hatte, Sorgen und so weiter, und der uns gleichzeitig Schreiben und Lesen beibrachte, uns Geschichte und Geographie lehrte, auch die Geschichte des Departements Mayenne, denn damals wurde auch in Lokalgeschichte unterrichtet. Kurz, es waren lauter Personen mit verteilten Funktionen. Heutzutage — und das ist das lästige in der Gesellschaft — verwischt sich die Person mit der Funktion, vielmehr ist die Person versucht, sich mit der Funktion ganz zu identifizieren. Nicht so, daß die Funktion ein Gesicht erhielte, sondern der Mensch entmenschlicht sich, verliert sein Gesicht. Das geschieht vor allem in den totalitären Staaten. Ich habe mir oft gesagt, das Dumme, das Entmenschlichende ergibt sich aus der Tatsache, daß ein Wachtmeister in der Uniform schläft. Er ist voll und ganz, er ist metaphysisch Wachtmeister. Man spricht heute ohne Zweifel so viel von Soziologie, weil die Funktion so ungeheuer wichtig geworden ist. Darin liegt eine gewisse Entfremdung. Die gesellschaftliche Funktion darf den Menschen nicht total, totalitär verschlingen. Wir wissen, daß der Mensch noch nie so entfremdet wurde wie heute, besonders in der sozialistischen Gesellschaft, die behauptet, ihn aus der Entfremdung zu lösen. Früher war er es bestimmt auch, aber nicht in diesem Maße. Im Dorf wurde der Mensch nicht mit der Funktion verwechselt. Der alte Durand stellte den Priester dar, der alte Soundso stellte den Feldhüter dar, wie Schauspieler Rollen spielen, wohingegen in unserer Welt sogar ein «Schriftsteller» ein «Schriftsteller» ist, beinahe bis in seine Träume hinein. Er hat eine «Schriftsteller»-Krawatte, eine «Schriftsteller»-Frau, «Schriftsteller»-Freunde, er wird durch seine Funktion aufgehoben, er ist nur noch seine entfremdete Funktion, ihn selbst gibt es nicht mehr. Er wird von der gesellschaftlichen Maschinerie aufgefressen. Die gesellschaftliche Maschinerie ist die zur riesigen Menschenfresserin gewordene Gesellschaft.

Haben Sie den Eindruck, daß Ihr dramatisches Werk Ihren Erinnerungen an La Chapelle Anthenaise etwas verdankt?
Ja, viele meiner Lieblingsthemen, meiner Zwangsvorstellungen stammen aus La Chapelle Anthenaise und aus dem Bruch mit jenem Paradies. Alles, was wir erlebt haben, hinterläßt Spuren. Ja, ich war ein Kind, ein Menschlein in seiner Wirklichkeit ... ja natürlich, von Zeit zu Zeit Schüler, aber nicht Schüler an sich, ein Kind, das unter anderem auch zur Schule ging, aber nicht Räderwerk in einer Maschine, das heißt, nicht das Wesen einer einzigen verarmenden Funktion, die dem Menschen eine seiner Dimensionen entzieht.

In «Argumente und Argumente» (Notes et Contre-Notes) sagen Sie: «Der Zufall formt uns», und Sie sagen, wir wären anders, wir würden anders denken, wenn wir andere Lehrer gehabt hätten, anderen Menschen begegnet wären, andere Erlebnisse gehabt hätten. Und nach dem, was Sie mir erzählt haben, hat die Tatsache, daß Sie in Ihrer Kindheit das Land erleben durften, offenbar viel zur Entwicklung Ihres Gefühlslebens beigetragen. Wenn wir über Ihre Stücke sprechen, werden wir die Themen des Nestes, des verlorenen

Paradieses, der Farbe, des Gegensatzes zwischen Funktion und Person, zwischen dem Individuum und dem Mechanismus der Gesellschaft wiederfinden.

Ich möchte jetzt gern auf diese Zufälle zurückkommen, die den Lehrjahren eines jeden von uns einen besonderen Charakter geben. Gab es in Ihrer Kindheit, in Ihrer Jugendzeit Lehrer oder Freunde, Erlebnisse, die Sie grundlegend beeinflußt oder bestimmt haben?

Ich kann mich an den Satz vom Zufall, der uns geformt hat, nicht erinnern. Ich weiß nicht mehr, ob er richtig ist. Ich weiß nicht mehr, ob es wirklich einen Zufall gibt. Ich frage mich sogar, ob wir aus den Ereignissen, die uns begegnen, den Lehrern, die wir haben, nicht machen, was wir wollen. Der Zufall, das sind die Lehrer, die Ereignisse, wir aber machen etwas aus diesem Zufall auf unsere Weise. Zum Beispiel wurde ich durch die Universitätsprofessoren in Rumänien entscheidend geprägt. Oft wurde ich von ihnen auf seltsame Weise beeinflußt, durch Opposition: ich dachte nicht wie sie. Vielleicht habe ich einen schlechten Charakter, vielleicht habe ich einen Pennälergeist. Auf alle Fälle anerkannte ich sie nicht. Meine Grundhaltung oder mein Streben, meine Neigung ging dahin, mich ihnen entgegenzustellen.

Zum Beispiel hatte ich einen Literaturprofessor, der den Ehrgeiz hegte, die Poesie genau zu messen.

Wir wissen alle, daß Kritik anscheinend unmöglich ist, daß es verschiedene Kriterien gibt, daß sich die Kriterien nicht mit dem Werk decken. Wir wissen, daß die Kritiker, wenn sie von einem literarischen Werk sprechen, in Wirklichkeit Soziologie, Geschichte, Literaturgeschichte und so weiter treiben. Das heißt, sie stehen immer neben dem Werk, im Kontext. Der Text berührt sie kaum, obwohl er das wichtigste ist. Den Text muß man sehen, das heißt die Einmaligkeit des Werks, das ein lebendiger Organismus, eine geschaffene Schöpfung ist; nicht den Kontext, das heißt das Allgemeine, das Äußerliche, das Unpersönliche. Es ist mir nicht wichtig, was in diesem Werk so ist wie in andern; wichtig ist, was darin keinem andern gleicht; das heißt weder die Gesellschaft noch die Geschichte, sondern innerhalb der Geschichte und der Gesellschaft das Einmalige dieser einen Geschichte, die Geschichte dieses Werkes und keine andere. Jener Professor wollte ein angepaßtes und sehr genaues Kriterium erreichen. Er wollte den Wert, die spezifische Qualität jedes Werkes quantitativ genau messen. Das Unternehmen war fast wie die Suche nach dem Absoluten, auch ein wenig elementar. Er sagte, es gäbe virtuose, talentierte und geniale Werke. Er wollte wissen, in welchem Maße sich Virtuosität, Talent und Genie in einem Werk zeigten. Er wollte es abmessen. Der Versuch war sehr interessant, und wenn ich heute daran denke, finde ich, man sollte ihn wiederaufnehmen, gerade weil es ein unmögliches Unterfangen ist.

Damals war ich gegen den Professor, ganz einfach, weil ich mich jemandem widersetzen wollte. Er verteidigte sein System, ich schmetterte ihm Croce ins Gesicht, den ich damals gerade las.

In andern Fällen bestanden zwischen mir und den Professoren tiefergreifende Gegensätze, die nicht nur das Aufbegehren eines jungen Menschen zum Ausdruck brachten. Es handelte sich um einige Professoren, die damals vom Faschismus angesteckt waren; Theoretiker des Rassismus, Nietzscheaner oder Unternietzscheaner, Nacheiferer Rosenbergs oder auch Spenglers (der bei den Nazis nicht in Gnade stand, der aber doch ein Vorläufer von ihnen war).

Aber stand hinter Ihrer Opposition gegen den Literaturprofessor nicht noch etwas anderes als bloßes Rebellionsbedürfnis? Lag es nicht daran, weil Sie schreiben wollten, oder weil Sie bereits etwas geschrieben hatten, und weil Sie sich gegen ein System wehrten, das versuchte, ein literarisches Werk in Zahlen zu fassen?

Vielleicht. Nur hatte ich mit achtzehn Jahren keine sehr klare Vorstellung. Ich stand — besonders als ich eine Zeitlang Literaturkritik betrieb — stark unter dem Einfluß Croces,

nicht etwa unter dem Einfluß meines Lehrers, der Drago-
miresco hieß. Von Croce ist mir jedenfalls etwas geblieben:
Wert und Ursprünglichkeit vermischen sich, das heißt die
ganze Geschichte der Kunst ist die Geschichte ihrer Ausdrucksweise. Jedesmal, wenn eine neue Ausdrucksweise auftritt, gibt es ein Ereignis, etwas geschieht, etwas Neues. Und
das ist mir geblieben: die Ausdrucksweise ist Kern und Form
zugleich. Und das Werk ist wie ein Kind, von den Eltern geboren, anders als die Eltern, unersetzlich, einmalig. Jedes
Werk ist ein Individuum, ein Wesen. Ein Werk ist einmalig,
mit anderen Worten, ein Werk ist groß, wenn es ursprünglich ist, unerwartet und gleichzeitig das Ergebnis der Geschichte; es ist das, woraus es geschaffen wurde, und gleichzeitig etwas ganz anderes. Von Croce habe ich auch behalten,
daß es zwei Arten des Denkens gibt: das deduktive und das
intuitive Denken; sagen wir es anders: das logische Denken
und das ästhetische Denken. Deswegen glaube ich, daß die
Träume der Ausdruck des intuitiven Denkens, das intuitive
Denken an sich sind. Sie sind das in fertigen Bildern formulierte Denken. Von meinem Literaturprofessor ist mir trotz
meiner Opposition ebenfalls etwas geblieben: der Anspruch,
das Bedürfnis, endgültige und genaue Kriterien zu finden —
und doch weiß ich, daß dieser Versuch für die Literatur unmöglich ist. Dank diesem Professor und anderen glaube ich
weiterhin an bestimmte Dinge. So vor allem, daß Kritik weder psychologisch noch politisch ist, sondern daß es ein auf
das Werk ausgerichtetes System geben muß. Welches? Ich
glaube, wir müssen nach den Gesetzen, nach den Regeln
urteilen, die uns ein neues Werk auferlegt. Stimmt es mit
seinen eigenen Zielen überein? Es scheint seltsam, ja para-
dox, daß ein Werk die ihm innewohnenden Kriterien selbst
bestimmt. Was heißt das — seine eigenen Kriterien?
Man muß das alles noch erforschen. Die Psychologie,
die Soziologie, die Literaturgeschichte sind vielleicht Mittel zur Annäherung... Wenn diese Mittel nicht nur
der Annäherung dienen, sondern das Werk ideologisch,

soziologisch oder dogmatisch verschlingen wollen, so ist
das falsch.

*Das wesentlichste wäre doch, zuerst eine Strukturanalyse zu
machen?*
Bestimmt.

*Sie sprachen soeben von Ihren rumänischen Professoren. Hat
die Tatsache, daß Sie von Anfang an eine doppelte Kultur
hatten, eine französische und eine rumänische, Ihnen etwas
gegeben, oder wurde dadurch im Gegenteil Zerrissenheit
oder zumindest Verwirrung angerichtet?*
Aus dieser Situation entstanden Verwirrungen, Risse und
Gutes. Ich kam mit dreizehn Jahren nach Bukarest und
kehrte erst mit sechsundzwanzig Jahren nach Frankreich
zurück. Ich habe dort unten Rumänisch gelernt. Mit vierzehn, fünfzehn Jahren hatte ich in Rumänisch schlechte Noten. Mit siebzehn, achtzehn Jahren hatte ich in Rumänisch
gute Noten. Ich lernte rumänisch schreiben. Ich schrieb
meine ersten Gedichte auf rumänisch. Französisch schrieb
ich nicht mehr so gut. Ich machte Fehler. Als ich nach Frankreich zurückkam, konnte ich natürlich noch Französisch,
aber ich konnte es nicht mehr schreiben, ich meine, «literarisch» schreiben. Ich mußte mich wieder umgewöhnen. Dieses Lernen, Verlernen, Wiederlernen waren, glaube ich, interessante Übungen.
Ja, und dann war auch eine Zerrissenheit da; denn ich fühlte
mich dort im Exil.

*Haben Sie eine Erinnerung an Ereignisse, Empfindungen,
die wie Ihre Kindheitserlebnisse in La Chapelle Anthenaise
für Sie später entscheidend waren?*
Ja . . . ein Offizier, der einen Bauern oder einen armen Mann
auf der Straße ohrfeigte, weil er es unterlassen oder vergessen
hatte, die Fahne zu grüßen. Studenten, die auf Leute ein-
schlugen, die keine rechtgläubige Nase hatten. Grausam-

keiten, bürgerliche Dummheit, Offiziere, die mit ihren gewichsten Stiefeln auf der Straße paradierten, der Militärdienst, also lauter hassenswerte oder widerliche Dinge. Ich habe aber auch Freunde gefunden. Davon werde ich Ihnen vielleicht ein andermal erzählen. Und dann meine Frau, die ich dort unten kennengelernt habe.

Also mindestens ein glückliches Ereignis.
Ich glaube, daß das Leben mit meiner Frau etwas Reiches, etwas Grundlegendes ist. Es ist eine Geschichte, die weitergeht. Gehören die wichtigsten Ereignisse, die angenehmen, unangenehmen oder die unerwarteten, nicht oft dem Alltag an? Ich könnte darüber endlos schreiben, ganze Bände.

Kommen wir auf Ihr Leben in Bukarest zurück.
Interessant waren trotz allem die heftigen Auseinandersetzungen mit einer Umgebung, in der ich mich nicht wohl fühlte, nicht die Auseinandersetzung mit Ideen, sondern die Auseinandersetzung mit Gefühlen, die ich nicht annehmen konnte. Tatsächlich sind Nazismus, Faschismus und so weiter, bevor sie Ideologien werden, erst einmal Gefühle. Alle Ideologien — auch der Marxismus — stellen nichts anderes dar als die Rechtfertigungen und die Alibis bestimmter Leidenschaften, ja gewisser rein biologischer Triebe. Später wurde die Auseinandersetzung schwerer. Ich hatte eine ganze Menge Freunde. Aber viele von ihnen schlossen sich in den Jahren 1932, 33, 34, 35 dem Faschismus an. Genau wie heute: alle Intellektuellen sind, weil es Mode ist, «progressiv», wie sie das nennen. Damals war es Mode, rechts zu stehen. Auch in Frankreich, so war es mit Drieu La Rochelle, den «Camelots du Roi» und so weiter. Ich mag die «progressiven» Klischees genausowenig, wie mir die faschistischen Klischees zuwider waren, und ich habe den Eindruck, daß die «Progressiven» von heute sozusagen die Faschisten von gestern sind. Es ist schon etwas Wahres dran, die Söhne der alten Faschisten sind jetzt die «Progressiven». In Frankreich

rekrutieren sich die sozialen Umstürzler — Umstürze mit Verspätung — aus der Bourgeoisie der «Intellektuellen». Wer auf der Höhe ist, hat sich schon verspätet; man muß bereits auf der nächsten Höhe sein.

In Bukarest war der Riß vorhanden. Ich fühlte mich immer einsamer. Wir waren nur ein paar wenige, die die Schlagwörter, die Ideologien, die auf uns einstürmten, nicht annehmen wollten. Es war sehr schwierig, standzuhalten — ich spreche nicht einmal von der politischen Aktion (das wäre in der Tat sehr schwierig gewesen), sondern nur vom einfachen moralischen und geistigen, sogar stummen Widerstand. Denn es ist wirklich hart, mit zwanzig Jahren zu widerstehen, das heißt sich nicht überzeugen zu lassen, wenn man Lehrer, die einem Theorien und wissenschaftliche oder pseudowissenschaftliche Darlegungen geben, wenn man die Zeitungen, wenn man eine ganze Umgebung, Doktrinen, eine ganze Bewegung gegen sich hat. Zum Glück hat mir meine Frau sehr geholfen.

Aber Sie erzählen mir ja die Geschichte des Einzelgängers Behringer in den «Nashörnern» (Le Rhinocéros).
Genau. Ich habe Kollektivwahrheiten immer mißtraut. Ich glaube, eine Idee ist wahr, wenn sie sich noch nicht durchgesetzt hat; im Augenblick der allgemeinen Bestätigung wird sie maßlos. In dem Augenblick beginnt der Mißbrauch, die Bejahung der Idee wird übertrieben, und dadurch wird sie verfälscht. Dieses Denken habe ich bei einem andern Lehrer, Emmanuel Mounier, gelernt. Ich habe ihn einige Male getroffen, öfters gelesen. Mounier unternahm immer wieder den außerordentlichen Versuch zur Klarheit, der darin besteht, in jeder geschichtlichen Aussage das Wahre und das Falsche zu sehen. Er allein unternahm diesen Versuch zur Klarheit, den Versuch, das Wahre vom Falschen zu trennen. Die Leute werden von ihren Leidenschaften mitgerissen, sie weigern sich, sie zu durchleuchten, weil sie sie behalten wollen. Je namhafter die Leute sind, um so eher werden sie von

ihren Leidenschaften mitgerissen und um so mehr tragen sie zur Verschlimmerung der allgemeinen Verwirrung und des Chaos bei. Denken Sie an Sartre.

Wir werden bestimmt noch Gelegenheit haben, über Sartre zu sprechen. Aber ich möchte Ihnen noch eine letzte Frage über Rumänien stellen. Hat Ihnen die rumänische Literatur etwas gegeben?
Es gibt in Rumänien sehr interessante Schriftsteller, einen großen Dramatiker, er heißt Caragiale, aber Caragiale wurde von denselben Autoren beeinflußt, die auch mich beeinflußt haben, den Flaubert der «Idées reçues», Henri Monnier, Labiche. Ich mochte auch noch einen andern Schriftsteller sehr gut, einen absurden, einen präsurrealistischen Schriftsteller: Urmuz. Er selbst verdankt Jarry viel. Es gibt also keine rumänische Literatur, die mich wirklich beeinflußt hätte. Bestimmt gab es in Rumänien andere Schriftsteller, die mich hätten beeinflussen können, die anonymen Volksdichter, die rumänische Volkspoesie ist groß und reich. Aber die Themen der großen anonymen Dichter waren nicht meine Themen. Im Innersten berührten sie mich nicht.

Also verdanken Sie Ihren Jugend- und Jünglingsjahren in Rumänien doch etwas: erstens die Beschäftigung mit der literarischen Ästhetik, die Sie, wenn auch nur aus Opposition, Ihren Professoren und Ihren ersten Kritikversuchen verdanken; zweitens eine Lebenserfahrung: Exilerlebnis, Auseinandersetzung mit Ideologien, Entdeckung der Liebe. Alle diese guten oder schlechten Erfahrungen haben zu Ihrem Werdegang als Mensch und Schriftsteller beigetragen. Aber zur Entdeckung der Literatur, des Theaters sollte etwas anderes führen.
Welche Texte haben Sie erstmals tief beeindruckt und Sie selbst zum Schreiben angeregt?
Viele. Und es wechselte. Als Kind las ich wie alle Kinder Mär-

chen, dann las ich die Biographie von Turenne und von
Condé. Noch später las ich Geschichten, die von weither kamen. In La Chapelle Anthenaise die ganze Volksliteratur des
achtzehnten Jahrhunderts.

War das Kolportageliteratur?
Ja. Man las das damals noch. Zum Beispiel die Geschichte
eines Kindes, das bei der ersten Kommunion in die Hostie
beißt. Da hat es den Mund voll Blut. Das Blut des Herrn.
Oder sein Mund fängt Feuer, es hat überall Brandwunden,
weil es in die Hostie gebissen hat. Es waren auch Geschichten von Gespenstern, Werwölfen. Das hat mich sicher nicht
beeinflußt. Das ist weit weg. Auf jeden Fall weiß ich, daß
ich die Literatur durch Flaubert entdeckte, etwas später, mit
elf oder zwölf Jahren. Als ich «Ein schlichtes Herz» las, hatte
ich die Erleuchtung, was literarische Schönheit, literarischer
Wert und Stil bedeuten. Natürlich hatte ich vorher schon
Victor Hugos «Die Elenden» gelesen, aber dabei erlebte ich
nicht dieselbe Erschütterung. Vor dieser Erschütterung las
ich, glaube ich, alles, Werke der großen Schriftsteller — ich
hatte zwei oder drei Romane von Balzac gelesen, andere
Romane von Victor Hugo, die «Drei Musketiere», auch
«Cricri», «L'Epatant» und Detektivromane. Aber nach der
Entdeckung von «Ein schlichtes Herz» war es mir unmöglich, weiterhin schlechte Feuilletonromane, wertlose Detektivromane zu lesen.
Es gibt Menschen, die Sinn für Literatur haben wie andere
das absolute Musikgehör. Ich glaube, ich hatte den Sinn für
Literatur. Meine Kameraden lasen weiter Bücher von min-
derer Qualität. Sie waren sich nicht darüber klar, was gut
oder schlecht war; sie sagten, das Geschehen interessiere sie,
was die Leute erlebten, was sie taten. Aber ich konnte das
nicht mehr lesen, weil es schlecht geschrieben war. Ich hatte
die Literatur begriffen. Nicht die Geschichte zählt, sondern
vor allem, wie sie geschrieben ist, das heißt eine Geschichte
muß tiefere Bedeutung haben. Literarische Berufung zeigt

sich, wenn man die Erzählweise mehr schätzt als den Inhalt einer Geschichte.

Haben Sie nach der Entdeckung von «Ein schlichtes Herz» dann den ganzen Flaubert gelesen?
Nein, für eine methodische Ausdauer war ich noch zu jung. Meine Entdeckung Flauberts hat mich indessen später nicht gehindert, ein paar weniger große Dichter zu bewundern.

Zum Beispiel?
Albert Samain, Francis Jammes, Maeterlinck. Sie waren damals noch aktuell. Sie konnten schreiben. Leider waren sie ein bißchen einfältig. Wenn ich sie jetzt wieder lese, merke ich, daß ich mich getäuscht habe.

War es bei Samain, Jammes, Maeterlinck nicht vielleicht die Freude am Träumerischen, die dem unentschiedenen Sehnen Ihrer Jugend entsprach?
Offensichtlich war es das. Bei diesen Dichtern war etwas Schwebendes, Unbestimmtes. Sie waren für mich unheilvoll, weil sie mich so stark an eine Sentimentalität banden, daß ich noch heute manchmal Mühe habe, mich davon zu befreien. Damals entsprachen sie der Gemütsstimmung des Jünglings, meiner eigenen Gemütsstimmung. Zum Glück stieß ich nachher wieder auf Flaubert. Aber mehr als den Flaubert der «Madame Bovary» liebte und liebe ich noch heute den Flaubert der «Erziehung zur Empfindsamkeit» (L'éducation sentimentale). Das ist sein vollkommenstes Buch. Alles ist darin die Satire der «übernommenen Begriffe», der in ihrer geistigen Armseligkeit gefährlichen übernommenen Begriffe; der Stil; eine Liebesgeschichte; die Zeit, die sich auflöst; die mit kritischen Augen gesehene Revolution von 1848. Also gleichzeitig erdacht, historisch und kritisch, das ist das Kunstwerk, der Roman im wahrsten Sinne, eine ganze vielfältige und vollständige Welt.
Mit einem Autor konnte ich nie etwas anfangen. Damals las

und liebte man André Gides Buch «Und nährt die Erde» (Les nourritures terrestres). Mir war es wegen seiner Rhetorik verhaßt. Man sagte, das Buch sei gut geschrieben, ich fand es schlecht geschrieben, pathetisch, verlogen, geziert.

Was suchten Sie also in einem literarischen Werk?
Vor allem gefiel mir in «Ein schlichtes Herz» eine Art Leuchten, ein Licht in den Worten. Ich habe das beim Lesen einer literatur-kritischen Arbeit von Charles du Bos wieder gespürt; die Kritiken waren nichts Besonderes, aber da war ein gewisser Stil, ein Stil, den ich persönlich den Lichtstil nenne. Ich habe ihn auch bei Valéry Larbaud gefunden, in jener Novelle von den Lesbierinnen. Sie befinden sich in einem Haus mit Jalousien, und das Bild von diesem Schatten und Licht im Zimmer hat mich nie mehr losgelassen. Von Valéry Larbaud schätzte ich vor allem auch «Kinderseelen» (Enfantines), jenen Text voller Licht, der meiner eigenen Kindheitsvision entsprach.

Welche anderen Schriftsteller haben Ihnen diesen Eindruck von Licht vermittelt?
Alain Fournier, der Meister meiner literarischen Jugendträume. Im Geiste übertrug ich die Geschichte, den Ort aus dem «Großen Freund» (Le Grand Meaulnes) nach La Chapelle Anthenaise, wenn vom Hause des Vaters die Rede war. Die Bilder meiner Kindheit fingen die Bilder Alain Fourniers ein, ich sah die Landschaften und setzte den verlorenen Weg an einem bestimmten Ort fest. Im Schloßpark des Dorfes sah ich diesen verlorenen Weg sehr genau. Valéry Larbaud, du Bos, Alain Fournier, Flaubert, alle diese Autoren liebte ich um dessentwillen, was zwischen den Zeilen stand, was nicht im Text enthalten schien, um der Dinge willen, die vielleicht eher in mir sind. Bei allen habe ich das Vorhandensein dieses Lichtes getroffen.
Zu den Büchern, die mich am meisten beeinflußt haben, gehören auch die Byzantiner des zwölften, dreizehnten und

vierzehnten Jahrhunderts, die Hesychasten. Es gibt doch das Buch von Arseniew, «Die russische Kirche», wo erzählt wird, wie ein unglücklicher, verängstigter kranker Mann zu einem Priester kommt, und als der Mönch ihm die Hand auf die Schulter legt, spürt der Kranke ein großes Glück, eine Erfüllung, alles wird hell in der Welt, ein großes Licht umhüllt ihn, er wird gesund.

Ich weiß tatsächlich nicht, womit dieses Licht zusammenhängt. Sicher muß man ihm nicht gleich eine mystische Bedeutung geben, aber ich möchte wissen, was es in psychologischer Hinsicht bedeutet, warum ich es brauche, warum ich jedesmal, wenn ich Licht fühle, glücklich werde.

Wir waren von Ihrer Vorliebe für Autoren ausgegangen, die für Sie Bedeutung und vielleicht einen mehr oder weniger direkten Einfluß auf Ihr Werk hatten. Aber da wir dabei dem Thema des Lichtes begegnet sind, das in Ihren Stücken und Novellen so häufig wiederkehrt, wie auch sein Gegenteil, das Thema des Schlammes, des Versinkens — und auf der gesellschaftlichen Ebene die Entfremdung —, könnten wir hier eine andere Untersuchung einschieben: Welcher Art sind bei Ihnen die literarischen oder sonstigen Ursprünge für diese Themen, wo nehmen sie für Sie konkrete Formen an? Das wird uns später von Nutzen sein, sowohl um Ihr eigenes Empfindungsvermögen als auch die Bedeutung Ihres Werkes zu begreifen. Deshalb frage ich Sie zuerst, ob Sie, abgesehen von den genannten Büchern, ungewöhnliche Lichterlebnisse gehabt haben.

Ja, ich habe eines gehabt, und ich habe es erzählt.

Wo? Ich sehe es im Augenblick nicht.

In «Mörder ohne Bezahlung» (Tueur sans gages). Aber man hat nicht verstanden, was die «Sonnenstadt», von der im Stück die Rede ist, bedeutet. Es ist das Licht, die Lichtstadt.

Ich begreife, warum ich das nicht richtig einordnen konnte. Es kam mir nicht so vor, als ob die Lichtstadt die Übertragung einer persönlichen Erfahrung wäre, im Stück wird sie ja einer Figur zugeschrieben.

Das Licht ist die verwandelte Welt. Zum Beispiel die herrliche Umwandlung des Schlammweges meiner Kindheit im Frühling. Auf einmal gewinnt die Welt eine unerklärliche Schönheit. Als ich noch jünger war, hatte ich Lichtreserven. Jetzt werden sie immer kleiner... ich nähere mich dem Schlamm. Ich erinnere mich, wie eines Tages jemand zu uns kam, ein Pessimist. Damals wohnte ich im Erdgeschoß an der Rue Claude Terrasse. Meine Tochter war noch ein Säugling, und wir hatten wenig Platz, ihre Windeln hingen zum Trocknen im Zimmer. Nun, dieser Freund kam und sagte, es ginge einfach nicht, das Leben wäre nicht schön, es gäbe Häßlichkeit, Traurigkeit, alles wäre schmutzig, unser Haus sei traurig und häßlich, und so weiter. Und ich gab zur Antwort: «Oh, ich finde alles sehr schön; diese mitten im Zimmer aufgehängten Windeln, das ist sehr schön.» Der Freund schaute mich verblüfft und verachtungsvoll an. «Ja», wiederholte ich, «man muß nur richtig hinschauen, man muß es sehen. Es ist wundervoll. Es ist nicht wichtig, was wunderbar ist, alles ist eine verklärte göttliche Erscheinung, jedes kleinste Ding strahlt.» Denn ich hatte plötzlich den Eindruck, daß die Wäsche an der Leine von ungewöhnlicher Schönheit war, die strahlende, jungfräuliche Welt. Es war mir gelungen, sie mit den Augen eines Malers, in ihren Lichtwerten zu schauen. Von dem Augenblick an schien alles schön, alles verwandelte sich. Sehen Sie sich das Haus dort gegenüber an. Es ist häßlich mit seinen dreieckigen Fenstern. Aber dann erhellt es sich, wenn ich es mit Liebe oder Wohlwollen betrachte; ich will sagen, es wird plötzlich hell, ein Ereignis findet statt. Jedermann kann solche Eindrücke haben.

Ist das Erlebnis in der Rue Claude Terrasse das gleiche wie im «Mörder ohne Bezahlung»?
Zum Teil, ja. Man erzählt viel Unsinn über den «Mörder ohne Bezahlung». Im ersten Akt betritt Behringer die Lichtstadt. Er entdeckt eine verklärte Welt, die entstellt war. Er findet das Paradies wieder, nachdem er die Regenstadt, nachdem er die Welt des Vorhimmels verlassen hat.

Beunruhigend ist aber, daß dieses Paradies von einem Verbrecher bewohnt wird. Was bedeutet denn diese bedrohte Lichtwelt?
Das ist der Zusammenbruch, der Fall.

Der Höhepunkt.
Der Fall.

Der Höhepunkt, der Punkt, von dem man fällt.
Ja.

Setzt die Verzückung nicht den Augenblick voraus, in dem man in den Alltag zurückfällt?
Ja, das ist der Fall, der Sündenfall, das heißt das Nachlassen der Aufmerksamkeit, einer Kraft des Sehens, das heißt weiter, der Verlust der Begeisterungsfähigkeit; das Vergessen; die Sklerose der Gewohnheit. Der Alltag ist eine graue Decke, darunter ist die Jungfräulichkeit der Welt verborgen. Das ist wohl die Ursünde: Man kann etwas kennen, aber nichts kann man mehr erkennen, auch sich selbst nicht mehr. Auch das ist ein Übel, das sich in die Welt einschleicht. Das Stück wurde gar nicht in diesem Sinne verstanden. Die Kritik sagte, es handle sich in Wirklichkeit nicht um eine Lichtstadt, vielmehr sei die Lichtstadt die moderne industrialisierte, technisierte Stadt. Zweifellos weil Le Corbusier in Marseille eine «Lichterstadt» gebaut hat. Für mich heißt Lichtstadt strahlende Stadt. Einige behaupten auch, diese Lichtstadt sei keine glückliche Stadt, weil ein Verbrecher eingedrungen ist und

sie verheert. Nein, es ist eine sehr glückliche Stadt, in die ein verderblicher Geist eindringt. Das Wort verderblich ist treffender als die unbestimmte Bezeichnung «gut» — «schlecht».

Aber was für ein persönliches Erlebnis haben Sie auf «Mörder ohne Bezahlung» übertragen?

Ich war ungefähr siebzehn oder achtzehn Jahre alt. Ich war in einer Provinzstadt. Es war Juni, gegen Mittag. Ich spazierte in einer Straße dieser sehr stillen Stadt. Plötzlich hatte ich den Eindruck, als ob die Welt gleichzeitig von mir weg und auf mich zu käme, oder als ob die Welt sich entfernte und ich in einer andern Welt wäre, die mir mehr gehörte als die alte, in einer unendlich lichtvolleren Welt; die Hunde bellten, während ich an den Gartenzäunen vorbeiging, aber das Gebell war plötzlich melodisch geworden, sehr gedämpft, wie in Watte gehüllt; der Himmel schien mir auf einmal unerhört dicht, das Licht war beinahe mit Händen zu greifen; die Häuser hatten einen noch nie gesehenen Glanz, einen ungewöhnlichen, von der Gewohnheit wahrhaft befreiten Glanz. Es ist schwer zu beschreiben, vielleicht ist es leichter zu sagen, welch ungeheure Freude ich empfand; ich hatte das Gefühl, daß ich etwas Grundlegendes verstanden hatte, daß mit mir etwas sehr Wichtiges geschehen war. In jenem Augenblick sagte ich zu mir: «Ich habe keine Angst mehr vor dem Tode.» Ich hatte das Gefühl einer absoluten, endgültigen Wahrheit. Ich sagte mir, daß ich mich später, wenn ich traurig oder verzagt wäre, nur an diesen Augenblick zu erinnern brauchte, um die Heiterkeit, die Freude wiederzufinden. Das hat mir eine Zeitlang Kraft gegeben. Heute habe ich diesen Augenblick vergessen, ich will sagen, er ist noch in meiner Erinnerung, aber er ist sozusagen nur theoretische Erinnerung. Ich erinnere mich, daß ich diese Augenblicke wiederholen, mir ins Gedächtnis rufen wollte. Ich habe sie nie wieder «erlebt». Ja, es war wie ein Wunder, das drei oder vier Minuten dauerte. Ich hatte den Eindruck, es gäbe keine Schwerkraft mehr. Ich ging mit großen Schritten, in großen Sprüngen, und wurde nicht müde. Und dann plötzlich wurde die Welt wieder sie selbst, so, wie sie immer oder fast immer ist. Die Wäsche, die in den Höfen der kleinen Provinzhäuser trocknete, schienen keine Standarten, keine Fahnen mehr zu sein, sondern richtige, armselige Wäsche. Die Welt war in ein Loch zurückgefallen.

Sie haben Worte gefunden, die mir sehr bedeutungsvoll scheinen, die mir den Eindruck machen, daß diese Erinnerung vielleicht doch nicht so theoretisch ist, wie Sie sagen. Sie erwähnten die Aufhebung der Schwerkraft als ein Merkmal dieses Erlebnisses und anderseits die Enttäuschung am Ende, als die Welt wieder wurde, was sie war. Sind wir nicht mitten in den beiden Hauptthemen des «Fußgängers der Luft» — Behringers Wunsch, wegzufliegen, und seine Enttäuschung am Ende, seine Bitterkeit nach dem Flug?

Behringers Enttäuschung ist vielleicht auch das Vorhandensein der Tyrannei, die Blindheit in der Welt; die Welt läßt sich verdummen. Aber «Fußgänger der Luft» habe ich vom Träumen ausgehend geschrieben, vom Traum des Auffliegens, einem häufigen Traum, den die Psychoanalytiker als erotischen Traum bezeichnen, und den ich, glaube ich, als Traum der Freiheit und der Herrlichkeit erklären kann.

Wie stellen sich diese Flugträume des Auffliegens ein?

Da ist zum Beispiel das Aufsteigen, das dem Auffliegen vorangeht. Das Aufsteigen ist noch kein eigentlicher Traum. Ich litt unter Schlaflosigkeit, ein Freund gab mir den Rat, ich solle mir vorstellen, wie ich einen Berg hinaufsteige. Es handelt sich eigentlich um eine Integrationstechnik. Ich habe es versucht. Ich stellte mir den Aufstieg auf einen Berg vor. Am Anfang war es hart, sehr mühsam, beinahe unmöglich, und dann in einem bestimmten Augenblick, auf dem Hang unter dem Gipfel, geht es plötzlich schnell, wird es außerordentlich leicht. Ich klettere, ich mache im Geist große Schritte. Immer größere: ein leichter Stoß genügt. Und ich

schlafe entspannt ein. Dieser Aufstieg, den ich mir auf An-
raten meines Freundes Eliade vorstellte, ist tatsächlich ein
archetypischer Traum.

Und Eliade gilt als Kenner der Symbolik und der Mythen.
Ich hatte andere, negative archetypische Träume. Zum Beispiel den Traum von der Mauer: Man steht vor einer Mauer,
über die man nicht klettern kann. Dann den Traum, den ich
kürzlich hatte. Da träumte mir, ich sei ein Astronaut. Ein
seltsamer Astronaut. Ich befinde mich in einer Art Kabine
aus Zelluloid. Ich bin nackt, sitze darin (beinahe die Haltung
des Foetus, nicht wahr?) mit einem andern vor mir, der mir
gleicht. Ich bin gleichzeitig Foetus und Astronaut. Ich weiß,
daß ich auf einen andern Planeten fliege. Der endlose Raum
umgibt unsere Kabine. Wir kommen an, der andere und ich.
Wir sind größer geworden. Wir tragen Brillen wie die Pilo-
ten im Jahre 1914. Auf dem Planeten eine Menschenmenge.
Ungeheuer viele Leute. Einige haben Bärte. Vor allem ist da
ein Mann mit einer schwarzen Augenbinde. Ich bin sehr beunruhigt. Ich sage zu meinem Gefährten, der sich zu einer
Art Führer gewandelt hat, sehr verschieden von mir geworden ist, älter, auch seelisch älter: «Das war eine schlechte
Idee von uns! Was machen wir bloß, um auf die Erde zurückzukommen?» Es ist sehr unangenehm. Ich unterhalte
mich darüber mit jemandem auf dem Boulevard des andern
Planeten; es ist einer der äußern Boulevards von Paris, der
Boulevard Lefèvre. Dieser Jemand sagt zu mir: «Besorge dir
lieber Fahrkarten für die Rückkehr zur Erde, statt dir Sorgen
zu machen und dich krankhaft zu ängstigen, du wirst schon
sehen, alles kommt in Ordnung.» Ich gehe zum Bahnhof, ich
verlange bei der Schalterbeamtin Fahrkarten für die Rückkehr zur Erde. Ich verstehe nicht, was die gute Frau sagt,
denn sie antwortet mir auf italienisch. Wenigstens weiß ich
jetzt, daß die Marsmenschen italienisch sprechen — immerhin. Ich verlasse also den Bahnhof und mache mich auf die
Suche nach meinem Reisegefährten. Ich finde ihn nicht. Ich

habe Angst. Allein, verloren. So geht der Traum zu Ende. Auch das ist eine Urangst: der Abschied von der Erde, die Unfähigkeit, sie zu reintegrieren.

Hier sind wir also auf der Kehrseite des Lichts, des Fluges. Wir finden das Thema der Einkapselung in der Kabine, der Abtrennung, im Gegensatz zum Flug ins Weltall. Mir scheint, daß bei Ihnen die Freude mit der Vorstellung des Lichts, der Schwerelosigkeit verbunden ist, die Vorstellung der Angst mit dem Schatten, dem Schlamm, dem Versinken. Erst kürzlich wurde ich beim Lesen von «Hunger und Durst» (La Soif et la Faim) durch einen kleinen, eingeschobenen Satz berührt, der mich an die Ertrunkenen im «Mörder ohne Bezahlung» oder an die Novelle «Schlamm» (La Vase) in der «Photographie des Obersten» erinnerte. Darin gewinnt die Zwangsvorstellung vom Versinken auf fesselnde und konkrete Weise Gestalt. Mir schien, «Schlamm» sei ein wesentlicher Schlüssel zum Verständnis des Themas, das in Ihrem Werk in verschiedenster Gestalt erscheint und doch immer dasselbe bleibt. Zum Beispiel wird in «Opfer der Pflicht» (Victimes du Devoir) der Abstieg in die Vergangenheit an einer Stelle durch das Versinken symbolisiert. Choubert stellt sich vor, er stecke im Schlamm, und der Schlamm reicht ihm bis zum Hals, steigt bis zum Mund; im Gegensatz dazu spielt er, wenn er sich zu erkennen, seine Identität wiederzugewinnen versucht, den Aufstieg und trifft damit auf den Integrationstraum, den Sie soeben erwähnt haben. Sogar in der «Kahlen Sängerin» kann man auf einer ganz andern, abstrakteren Ebene ein Versinken der Personen in der Sprache, in der Banalität der Sprache feststellen, das ihre Unfähigkeit, die Welt zu beherrschen, versinnbildlicht. Und in «Jakob oder Der Gehorsam» (Jacques ou La soumission) weiß man nicht, ob Roberta in ihrem Albtraum oder im Wortdelirium versinkt, wenn sie sagt, sie versinke. Dies alles scheint mir Ausdruck einer bestimmten Seinsschwierigkeit.
Ja, einer «gewissen Seinsschwierigkeit».

*Es würde sich also um einen Gegensatz zwischen dem Licht,
der Luft, dem Fliegen einerseits und der Schwerfälligkeit
anderseits handeln, einer Schwere, die oft mit der Vorstellung
des Schlammes, des verschlammten Wassers, im Wasserbek-
ken des «Mörders ohne Bezahlung» sogar mit dem klaren
Wasser verbunden ist.*

Warum es dort klar ist, weiß ich nicht. Ich frage mich. Es
sollte nicht klar sein. Wenigstens . . . Doch, es ist am Anfang
klar, später weniger, denn da ist die ertrunkene Frau mit
dem roten Haar, das wie zu einer Pflanze wird und dem
Wasser eine dunklere Farbe verleiht.

Sie sagen, in meinen Theaterstücken kämen häufig Schlamm
und Versinken vor. Dies entspricht genau dem einen meiner
beiden Zustände. Ich fühle mich entweder schwer oder leicht,
entweder zu schwer oder zu leicht. Das Leichtsein ist die
euphorische Verflüchtigung, die tragisch oder schmerzhaft
werden kann, wenn Angst dabei ist. Ohne Angst ist es die
Leichtigkeit des Seins.

Ich weiß nicht, was sich ein Psychoanalytiker dabei denken
könnte. Wir haben, glaube ich, bereits von Jung gesprochen.
Ein Jungianer würde sagen, alles, was ich schreibe, sei neu-
rotisch, denn meine literarische Arbeit sei Ausdruck für die
Trennung zwischen Erde und Himmel. Tatsächlich ist es
bald die Schwere, die Erde, das Wasser, der Schlamm, bald
der Himmel, die Leichtigkeit, die Verflüchtigung. Was ich
schreibe, wäre also Ausdruck einer Gleichgewichtsstörung
zwischen Himmel und Erde, das Fehlen einer Synthese, einer
Integration, Ausdruck einer Art Neurose.

*Aber hängt Dichtung nicht oft mit dem Ausdruck einer
Neurose zusammen?*

Ich glaube, daß die Dichtung immer Neurose ist. Ohne Neurose keine Literatur. Gesundheit ist weder poetisch noch literarisch. Sie gestattet auch keinen Fortschritt: sie verlangt
«nichts anderes, nichts Besseres». Ist diese «Neurose» nun
bezeichnend oder repräsentativ für eine Tragödie der

Menschheit, oder ist sie ein Einzelfall? Als Einzelfall beansprucht sie bestimmt weniger Interesse. Wenn die Neurose eine metaphysische Not bezeichnet, oder wenn sie der Widerhall psychologischer Bedingungen ist, für die nicht der Schriftsteller, sondern objektive Realitäten verantwortlich sind, dann kann sie eine gewaltige Bedeutung beanspruchen, die man unbedingt untersuchen muß.

So läßt sich vielleicht das Thema der unglücklichen Lebensbedingungen — jedenfalls bei mir, ja, und bei andern auch — durch Schwere und Unbeholfenheit ausdrücken. Das ist Psychologie des Individuums. Nur steht die Psychologie des Individuums in einem menschlichen Kontext, einer außergesellschaftlichen und außergeschichtlichen Situation, aber auch in einem geschichtlichen und gesellschaftlichen Kontext. Vielleicht rührt diese Schwere, diese Lebensschwierigkeit vom sogenannten Totalitarismus, Kollektivismus, von der Menge, Masse oder eben von dem «unmöglich zu lebenden modernen Leben» her. Oder vielleicht ist der Totalitarismus selbst die Schwere, die Lähmung, die Bedrückung, die wir in der gegenwärtigen Welt erleiden, und die wir ihr zurückgeben: die Menschen sondern die Tyrannei, die Beklemmung ab. Ich glaube, es gibt in der Welt Augenblicke der Leichtigkeit: Perikles, die Renaissance, und Augenblicke der Schwere: Stalinismus und Neostalinismus, Rechts-Linksfaschismus, Kollektivierung, aber auch Superkapitalismus, Staatssozialismus, Nationalismus . . .

Die meisten Ihrer literarischen Jugendlieben waren von Licht durchdrungen. Davon ausgehend, haben Sie Ihre Erlebnisse mit dem Licht und Ihre Träume beschworen und so herausgestellt, daß Sie die Welt der Natur und die Welt der Kultur auf gleiche Weise angehen, so daß es für Sie keine Trennung zwischen den beiden Welten gibt. Aber mit den Träumen, nach der Verbannung aus La Chapelle Anthenaise, erschien der Gegensatz zwischen Licht und Schatten, der Gegensatz zwischen Leichtigkeit und Schwere, zwischen

Glück und Beklemmung. Wir finden diese Gegensätze auch in Ihren Theaterstücken, und wir werden noch öfters Gelegenheit haben, darauf zurückzukommen. Vorerst sind wir auf der Suche nach Ihren Inspirationsquellen oder wenigstens nach dem Klima, das Ihre Inspiration entstehen ließ, und da möchte ich gern wissen: Bei welchen Schriftstellern haben Sie die gleiche Angst entdeckt, oder welche Schriftsteller haben in Ihnen Angst erweckt? Gibt es Schriftsteller, die Ihnen Zeugnis für eine bedrückende Welt abzulegen scheinen, in der sich der Mensch auf der Suche nach dem Licht befindet? Denn das ist auch Ihnen ja wichtig, daß man immer das Licht sucht.

Ich kann ehrlich sagen, daß ich von keinem Schriftsteller beeinflußt wurde; mindestens glaube ich nicht, beeinflußt zu sein. Ich habe, glaube ich, bei einigen Schriftstellern Äußerungen über die Plagen, die mich quälen, gefunden; ich konnte in ihrer Art, diese Plagen zu äußern, eine Verwandtschaft mit mir entdecken, einen Anhaltspunkt für mein eigenes Denken oder für meine eigenen Eindrücke. Ich habe sogar entsprechende Formulierungen gefunden. Solche bereits formulierten Ausdrücke sind sehr nützlich. Man sagt sich: Dieser Schriftsteller sagt, was ich sagen wollte, was ich nicht zu sagen vermochte. Insofern kann man einen Schriftsteller als Stützpunkt brauchen. Dinge, die ich ganz dunkel gedacht habe, können von andern sehr klar gesagt worden sein, diese Klarheit dient mir als Unterstützung.

Welche Schriftsteller vermochten Ihnen Klarheit über eigene Qualen zu verschaffen?
Kafka, zuerst in der «Verwandlung», dann Kafka überhaupt. Maler wie Chirico. Borges. Da ist überall die gleiche Angst.

Welche Texte von Borges genau?
Die «Bibliothek von Babel».

Die vor allem die Angst vor der Zivilisation zum Ausdruck bringt ...

Ja. Und anderes mehr, das Unendliche, das Labyrinth als Bild des Unendlichen, das Labyrinth, das wir auch bei Chirico und Kafka finden. Das Labyrinth ist die Hölle, die Zeit, der Raum, das Unendliche. Das Paradies dagegen ist eine runde, in sich geschlossene, ganze Welt, in der alles da ist, wo es weder Endlichkeit noch Unendlichkeit gibt, in der sich das Problem Endlichkeit-Unendlichkeit überhaupt nicht stellt. So erging es mir in La Chapelle Anthenaise: ein Ort, der von der Angst erlöst. Sobald wir uns in Raum oder Zeit befinden, ist die Hölle da.

Und was hat Ihnen Kafka beispielsweise gegeben?

Ich habe Kafka verhältnismäßig spät entdeckt. Als erstes las ich die «Verwandlung», sie hat mir einen starken Eindruck gemacht, und doch frage ich mich, ob ich sie gleich richtig verstanden habe. Ich spürte, es war etwas Schreckliches darin, etwas, das jedem von uns zustoßen kann, obwohl es in ganz irrealer Form dargestellt ist. Was mich daran so beeindruckte, war die Schuld, eine grundlose Schuld, vielleicht eine verborgene Schuld. Und gerade das, was Kafka vielleicht nicht besonders zeigen wollte: daß jeder von uns ein Ungeheuer werden kann, daß wir alle die Möglichkeit in uns tragen, ein Ungeheuer zu werden. Das Ungeheuer kann aus uns hervortreten, wir können das Gesicht des Ungeheuers haben. Das heißt, das Ungeheuerliche in uns kann die Oberhand gewinnen; die Massen, die Völker entmenschen sich übrigens in regelmäßigen Zeitabständen: Kriege, Pogrome, Kollektivverbrechen und Raserei, Tyrannei und Unterdrückung. Dies sind nur Teilaspekte unserer Ungeheuerlichkeit, die Aspekte, die mir gerade in den Sinn kommen, weil sie heute oder in der Geschichte geläufig sind. Unsere Ungeheuerlichkeit hat unzählige Gesichter, kollektive und andere, mehr oder weniger auffallende, mehr oder weniger deutliche.

Sie sagen, Kafka wollte das vielleicht nicht in erster Linie zeigen ... Auf alle Fälle sieht man klar, wie Sie Kafka verstanden haben, was Sie bei ihm gefunden haben. Wenn Sie von der «Verwandlung» sprechen, schildern Sie auch die «Nashörner».

Tatsächlich. Auch das ist bei Kafka. Das Erwachen des Ungeheuers. Als ich Kafka las, lebte ich in einer Panik. Und auch heute noch glaube ich, daß jeder von uns unter bestimmten Umständen ein Verbrecher werden kann. Wir können nie wissen, was geschieht, wenn das Ungeheuer in uns erwacht, hervortritt. Das hat mich in große Angst versetzt.

Verdanken Sie außer Kafka und Borges noch anderen Schriftstellern ähnliche Eindrücke?

Andere Schriftsteller haben mich auf völlig verschiedene Weise beeindruckt. Dostojewski natürlich. Proust sehr stark. Proust, weil er Dinge sagte, die ich fühlte, aber nicht auszudrücken vermochte. Zum Beispiel habe ich erlebt, daß ich an einem Haus vorbeiging, dessen Küchenfenster offen stand, und ich roch den Duft von Gebäck, der mich an etwas anderes erinnerte, das mich wiederum an etwas anderes erinnerte und so weiter. Ich konnte das nicht formulieren: ich glaubte, es sei nicht formulierbar, bis ich bei Proust die berühmte Stelle über das Gebäck las.

Und Valéry?

Nein. Bei ihm gibt es dieses innere Licht nicht, es ist nur ein Goldschmiedlicht, kalt, hart, das Funkeln eines Brillanten. Valéry Larbaud scheint mir viel gefühlvoller, oder sein Gefühl kommt deutlicher zum Ausdruck. Da ich eher dem Fühlen als dem Denken verhaftet bin, hat er mich berührt wie Alain Fournier, wie Gérard de Nerval, wie der lyrische Proust. Kurz gesagt, es gibt Schriftsteller, die mir geholfen haben, sie haben mich gestoßen, mich unterstützt, mir Klarheit gegeben, sie haben bewirkt, daß ich mich gerechtfertigt fühlte, und zwar in zwei Bereichen: im Bereich des Fühlens und im Bereich des Denkens. Denn Fühlen ist auch Denken, und Denken ist auch Fühlen. Aber überlassen wir die schwierige Abgrenzung den Logikern und den Psychologen. Sagen wir ganz grob, obwohl Gefühl und Logik sich überschneiden — sogar die Mathematik ist subjektiv, denn sie besteht aus Gebilden meines Geistes —, haben mich zweierlei Schriftsteller beeinflußt: die Dichter und einige Denker.

Wer sind die Denker?
Dionysos Areopagita. Ist er Mystiker, Philosoph oder Dichter? Was denkt er? Es handelt sich um den Ausdruck seiner Erfahrung, einer Erfahrung, die über das übliche Denken hinausgeht. Ich selbst habe diese sehr hohe Erfahrung nicht erreicht; aber in gewissem Sinne hat Areopagita mir eine bestimmte Vorstellung von dem gegeben, was er jenseits vom Denken, vom Fühlen eines gewöhnlichen menschlichen Gehirns oder Herzens erlebt hat. Ich kann also von Dionysos Areopagita sagen, daß er mich beeinflußt hat. Von Johannes vom Kreuz kann ich das zwar nicht sagen, wohl aber von Jean Baruzis Buch über Johannes vom Kreuz. Es hat mir die Erfahrung des Johannes vom Kreuz gezeigt, die der Erfahrung der byzantinischen Mystiker sehr nahe steht. Hier sind es die Offenbarungen der Nacht, das heißt, wenn ich mich recht erinnere, die Ablehnung der sinnlichen Welt, die Ablehnung des Bildes, um zum Licht hinter dem Bilde, ohne Bild, zu gelangen. Wenn ich mich an die Texte des heiligen Gregor und vieler anderer auch nicht mehr genau erinnere, so bleibt mir von ihnen doch trotz ihrer Ablehnung der sinnlichen Welt und des Bildes ein Bild. Es ist ein Bild ohne Bildnis, ein Bild aus Licht. Man findet das in einem Buch mit dem Titel «Philokalia» (Auszüge daraus wurden ins Französische übersetzt). Von der Erfahrung all dieser Leute, die die sinnliche Welt mit ihrem Glanz, der Farbe und dem Licht ablehnten, bleibt seltsamerweise Licht, Glanz, Klarheit. Nicht wahr?

Je nachdem, ob man Neuplatoniker oder Christ ist, handelt es sich um das Licht des Einen oder um das ungeschaffene Licht Gottes.

Genau. Ob man Neuplatoniker, Neujude, Neuchrist oder auch Marxist ist; denn wir wissen, ohne die jüdische Tradition wäre Marx nicht, was er ist. In der Tat steckt im Marxismus außer den heute überholten, durch eine bestimmte soziale Lage des neunzehnten Jahrhunderts gerechtfertigten Feststellungen die Sehnsucht nach dem verlorenen Paradies. Diese Sehnsucht hat er den Revolutionären, die nicht genau wissen, worum es geht, die aber dieses verlorene Licht suchen, wieder eingepflanzt. Und damit sind wir bei der Rechtfertigung des Kommunismus. Von Zeit zu Zeit enthüllten außerordentliche Geschehnisse das, was hinter dem Marxismus steht. Dann treffen wir auf den Mythos, das heißt, wir dringen durch die Ideologie, die Erniedrigung der mythischen Wahrheit ist, zu einer tiefern, wesentlichen Wahrheit vor.

Denn die Mythen wie die Träume sind für Sie sehr wichtig.

Ja. Ich denke hier an einen russischen Film, Pinocchio. Pinocchio ist ursprünglich ein italienisches Kinderbuch. Man hat verschiedene Filme daraus gemacht. Walt Disney hat daraus einen idiotischen Film gemacht. Ein Russe hat daraus einen ebenfalls idiotischen Film und doch wieder nicht idiotischen Film gemacht. Ich meine damit, der Filmkünstler war wider Willen, wider seine Ideologie, gescheit. Kurz, Pinocchio ist die Geschichte von einem alten Mann, der Holzpuppen schnitzt. Und eine dieser Holzpuppen wird lebendig. Warum wird sie lebendig? Weil der arme Alte, dieser lächerliche Pygmalion, seine Puppe, sein Kind, so sehr liebt, daß seine Liebe ihr Leben einhaucht. Das ist der Ausgangspunkt des italienischen Buches.

Hat das nicht etwas mit dem jüdischen Mythos vom Golem zu tun?

Nein, oder vielleicht doch. Pygmalion, Golem, Pinocchio, das kann einem Akademiker Stoff für eine ganze Dissertation über das Thema der lebendig gewordenen Plastik liefern. Ich wollte aber erzählen, was in dem russischen Film geschieht. Da wird der arme Kleine, das heißt die arme kleine Puppe, von einem bösen Kapitalisten, einem Zirkusbesitzer, ausgebeutet. Weil sie ausgebeutet wird, hat sich die Puppe irgendwie entfremdet. In dem Augenblick, wo es ihr gelingt, sich zu befreien, aus dem Zirkus zu entfliehen, wird sie menschlich. Wohin flieht sie? Ins Sowjetparadies. Pinocchio also entflieht. Er nimmt ein Boot. Der böse Kapitalist verfolgt ihn in einem andern Boot. Da plötzlich setzt sich Pinocchio ab und fliegt weg, und es findet eine seltsame Fliegerei im Himmel statt. Alle mystischen Themen, im wesentlichen das mystische Thema des Lichts, der Befreiung, treffen wir in den Bildern wieder, in den außerordentlich frischen, geradezu jungfräulichen Farben dieses Films, der dank einem ideologischen Alibi entstehen konnte. Aber hinter der Ideologie erkennen wir die aszendentalen Themen des Himmels, des Lichts, des Paradieses; und auch des «wahren Lebens»: Pinocchios Holzkörper verwandelt sich in einen Menschenkörper, den «verklärten Leib». Pinocchio kommt in ein blühendes Paradies, dem ein lächelnder Mann mit Schnurrbart vorsteht, es ist der Rohling Stalin, aber er hat sich um der Sache willen in den lieben Gott verwandelt. Steckt also im Marxismus nicht letztlich der Mythos vom neuen Jerusalem und der heiligen Stadt?

Darum ist ja auch das Interesse des großen marxistischen Philosophen Ernst Bloch für Thomas Münzer, eine der Hauptfiguren der revolutionären Bewegung der Renaissance, nicht verwunderlich. Aber gehen wir weiter. Sie sind ausgegangen von der Literatur, von den byzantinischen Mystikern, und haben uns mit dem russischen Pinocchiofilm das Wiederauftauchen oder vielmehr den Fortbestand der Themen vom verlorenen Paradies und der Suche nach dem Licht gezeigt. Aber mir scheint für das Verständnis Ihrer literari-

schen und geistigen Entwicklung und damit für das Verständnis Ihres Werkes am allerwichtigsten, daß Sie Klassifizierungen, die das Denken festnageln, vermeiden, und daß Sie sich, wenn Sie von dem sprechen, was Sie beeinflußt hat, nicht auf die Literatur versteifen, sondern daß für Sie literarische und mystische Texte, Dichter und Denker, Erfahrungen und Mythen ebenso wichtig sind. Dieser — sehr bezeichnende — Versuch will das Wesentliche, die großen Themen wiederfinden, die am Ursprung der verschiedenen künstlerischen, philosophischen oder literarischen Ausdrucksformen stehen. Mir scheint, daß Sie in den Träumen wie in der Literatur, der Mystik oder der Philosophie die großen archetypischen Mythen suchen. So ist es auch nicht erstaunlich, daß Ihre Theaterstücke, oft in verhüllter Form, einen Mythos darstellen.

Aber darauf werden wir noch zu sprechen kommen. Jetzt wollen wir den Faden weiterspinnen und zu der Literatur zurückkehren, zu den Dichtern und Denkern, die Sie beeinflußt haben.

Ja, Dichter und Denker. Und dann die Fachleute. Unter den Fachleuten kann ich wohl Paulhan mit seinem Buch «Les Fleurs de Tarbes» erwähnen.

Was haben Sie aus den «Fleurs de Tarbes» gelernt?
Vieles. Unter anderem, daß man aus Kritiken nichts lernen kann, daß die Aussage der aktuellen Kritik fast immer von der späteren Kritik so oder so widerlegt wird. Außerdem muß man bedenken, daß Kritik eine Angelegenheit der Intuition ist, und daß diese Intuition sehr selten und undefinierbar ist, daß man den Sinn für literarische Qualität hat, wie man Musikgehör hat; daß der echte Kritiker auf Grund eines literarischen Werkes das Wesen der Literatur oder der poetischen Qualität enthüllt — oder daß er das Wesen der Literatur in einem Werk, das Ausdruck davon ist, intuitiv findet; daß die Berufung zur Literatur sehr selten und angeboren ist: Vom fünften Lebensjahr an kann man erkennen, ob ein

Kind wissenschaftlich, literarisch, politisch begabt sein wird. Mit fünf Jahren nahm Mozart die Musik auf, entdeckte sie auch in sich, erfand sie neu. Aber ich stelle fest, daß es sich in «Les Fleurs de Tarbes» nicht unbedingt darum handelt.

Wir stoßen hier wieder auf das Problem der Literaturkritik und auf die Bedeutung der Literatur; wir haben uns darüber bereits anläßlich Ihrer Universitätsjahre unterhalten.

Es gibt eine Literaturkritik, die von sich behauptet, sie sei wissenschaftlich, weil sie sich am Rande der Literatur bewegt, weil sie nicht Literatur ist und sich damit begnügt, die Biographie des Autors zu beleuchten, die historischen oder soziologischen Zusammenhänge zu finden, Psychologie zu treiben, statt das Werk, die Einmaligkeit des Werkes zu verstehen. Denn jedes Werk ist einmalig, eine Welt, ein Kosmos. Ein Werk hat soviel Wert, wie es einmalig ist. In seiner Einmaligkeit ist es schwer zu verstehen. Bei jedem neuen Werk muß man durch ein Weltall hindurch, das Weltall enthüllen ... Deshalb ist ein guter Kritiker sehr selten. Ich glaube, ich sagte schon, daß man begabt sein muß, um Schriftsteller zu sein; um Kritiker zu sein, muß man genial sein.

Haben Sie wohl, abgesehen von den «Fleurs de Tarbes», aus bestimmten literarischen Abhandlungen, bestimmten kritischen Arbeiten etwas über den schöpferischen Vorgang, über den Aufbau von Werken oder, noch grundsätzlicher, über das Wesen der Literatur gelernt?

Bei Croce vielleicht ... und bei Fénéon, den Paulhan der Vergessenheit entrissen hat. Man lernt vor allem, was nicht Literatur ist. Die Künstler sind die großen Kritiker ... Delacroix, Apollinaire, Baudelaire, Boileau, der Enthüller Cocteau, Gide, Proust ... oder auch die nicht philosophischen Kritiker: Thibaudet. Manchmal sogar die Philosophen: Freud, der das Verständnis für Sophokles und viele andere umgestürzt, erneuert hat; und dann Heidegger ... Aber man muß schon ein großer Philosoph sein, kein Philosophielehrling wie diese fleißigen Doktoren, die durch ihr soziologisch-psychologisch-marxistisches Material eher behindert als gefördert werden ... Aber es gab von jeher Pedanten, gelehrte Esel.

Laufen Literaturkritik, Werkanalyse, die Frage, was Literatur ist oder sein soll, nicht stets auf die ewig umstrittene Frage nach dem Nutzen der Literatur hinaus?
Diese Frage habe ich mir schon vor langer Zeit gestellt, als ich anfing zu schreiben. Ich war zwanzig oder zweiundzwanzig Jahre alt. Ich sagte: «Die Literatur dient zu nichts. Es lohnt sich nicht, sie ernst zu nehmen.» Ich trieb alle möglichen Scherze. Ich schrieb zum Beispiel gewichtige Arbeiten über die größten rumänischen Autoren, um zu sagen, daß sie nichts taugten. Man nahm mich ernst und antwortete auf diese wüsten Pamphlete. Es gab viele Kritiken, Gegenkritiken, die beweisen wollten, daß ich unrecht hatte. Und als die Polemik aufgehört hatte, schrieb ich eine andere Artikelserie, um zu sagen, daß die Dichter, die ich heruntergemacht hatte, sehr wohl große Dichter seien. Die Leute fanden das natürlich etwas seltsam. Ich antwortete, daß es einerseits keine Kriterien in der Kritik gäbe, daß man irgend etwas sagen könne, daß sich alles und jedes belegen und erklären lasse, daß es aber andererseits unwesentlich sei, wenn es Kriterien gäbe; denn die Literatur sei keine ernsthafte Angelegenheit. Hélène Vianou hat in der «Revue des Sciences Humaines» eine Studie über meine ersten rumänischen Schriften veröffentlicht. Meine Artikel waren ungeschickt formuliert, aber ich versuchte Dinge zu sagen, die man gerade heute über die mangelnde Ernsthaftigkeit der Literatur hört. Aber nein ... Bald glaube ich, daß die Literatur keine ernsthafte Beschäftigung ist, daß es sich nicht lohnt, sein Leben dafür herzugeben, für sie zu sterben; bald glaube ich, daß sie doch eine ernstzunehmende Sache ist.

Was würden Sie auf Rilkes Frage antworten: Würden Sie
sterben, wenn Sie nicht mehr schreiben dürften?
Nein, nein, bestimmt nicht. Aber ich wäre sehr unglücklich,
denn mein Leben besteht nur aus «Literatur».

Wir haben von Literatur gesprochen. Sie haben eine Reihe
von Schriftstellern, Dichtern, Denkern, Kritikern genannt,
die Sie beeinflußt oder zumindest beeindruckt haben. Es
wundert mich, daß sich kein einziger Dramatiker darunter
befindet.
Ich könnte sagen, daß ich meine Fachkollegen nicht mag,
daß ich ein geborener Dramatiker bin. Aber ich scherze. Wie
war die Frage? Warum ich keinen Dramatiker genannt
habe? Vielleicht weil ich das Theater nicht brauche, weil ich
das Theater nicht bei den andern finden muß, weil ich, wie
ich glaube, das Theater in mir habe.

Waren Ihnen die großen Dramatiker gleichgültig?
Ich habe Französischlehrer gehabt, und ich habe Corneille,
Racine, Molière gelesen. Nein, nicht einmal. Man hat mir
Corneille, Racine, Molière erklärt, man ließ mich ein paar
Stücke lesen und — wie es in der Schule üblich ist — ein
paar Szenen aus andern Stücken dieser Autoren. Ich glaube,
ich habe mich nie dran gemacht, Racine richtig von Anfang
bis Ende zu lesen, wie es andere tun. Los, lesen wir Racine!
Los, lesen wir Corneille! Oh, welche Katastrophe, Corneille!
Ich konnte keine Theaterstücke lesen, es langweilte mich.
Ich las Romane, Gedichte, betrachtende Bücher.

Wirklich keinen Dramatiker?
Shakespeare. Nicht Molière. Meine Tochter liebt Molière.
Schon mit neun oder zehn Jahren las sie Molière und hatte
großes Vergnügen daran. Ich mochte Molière nicht. Jetzt
fange ich langsam damit an.

Woher dieser Wechsel?
Weil man oft angenommen hat, daß die Preziösen intelligenter als Molière waren, daß Molière trotz seines Talentes ein armer Kerl, ein kleinbürgerlicher Geist war. Ich glaube eher, Molière und manchmal auch Aristophanes haben recht, nicht die Philosophen und das Sechzehnte Arrondissement (Das «vornehme» Wohnviertel in Paris). Es gab bestimmt ein Sechzehntes Arrondissement zur Zeit Ludwigs XIV. und vielleicht auch in Athen.

Die Gastmähler bei Agathon.
Kurz, die Pedanten und Preziösen aller Zeiten behaupten, die humoristischen Autoren seien Trottel, sozusagen geniale Trottel. Für sie sind Aristophanes und Molière Trottel. Aber Sie wissen ja, wie eitel die Preziösen, die gelehrten Esel sind: Weil sie kompliziert sind, glauben sie, sie wären komplex; sie sind wirr, und sie finden sich schwierig. Ich denke, man muß die überkommene Vorstellung, wonach die humoristischen Autoren Einfaltspinsel wären, neu sehen. Was ist denn besser: ein gelehrter Esel oder ein unwissender Esel?

Ich komme auf Shakespeare zurück. Was bedeutet er Ihnen? Aus welchen Gründen betrachten Sie ihn offensichtlich als außergewöhnlichen Dramatiker?
Außergewöhnlich, jawohl. Aber vor allem verstehen wir ihn gut. Hat er nicht gesagt: «Das Leben ist eine Mär, die ein Verrückter bringt»? Hat er nicht gesagt: «Voll Schall und Wut»? Er ist der Vorfahre des absurden Theaters. Er hat alles schon längst gesagt. Beckett versucht, ihn zu wiederholen. Ich nicht einmal; denn was er sagt, das hat er so gut gesagt, daß wir nichts mehr hinzufügen können.

Man hat Sie oft mit Feydeau verglichen. Hat er Sie nun beeinflußt oder nicht?
Ich sagte schon, ich stehe viel mehr unter dem Einfluß von Lyrikern und Romanschriftstellern als von Dramatikern. Das

44

hört sich an, als stimmte es nicht, und doch ist es die volle Wahrheit. Man sagte mir, ich sei von Strindberg beeinflußt; also las ich die Stücke von Strindberg, und ich sagte: Ich bin tatsächlich von Strindberg beeinflußt. Man sagte mir, ich sei von Vitrac beeinflußt; also las ich Vitrac, und ich sagte: Ich bin tatsächlich von Vitrac beeinflußt. Also las ich Feydeau und Labiche, und ich sagte: Ich bin tatsächlich von Feydeau und Labiche beeinflußt.

So erhielt ich meine dramaturgische Bildung. Doch wenn ich von diesen Autoren, die ich nicht kannte, «beeinflußt» war, so heißt das ganz einfach, daß ein Individuum nicht allein ist. Man glaubt zu Unrecht, daß sich die Menschen bewußt und unabhängig entscheiden, bestimmte Dinge zu tun oder zu lassen. In Wirklichkeit sind die Vorlieben, die Zwangsvorstellungen, die Universalprobleme in uns, und wir alle finden sie eins nach dem andern. Der große Irrtum der vergleichenden Literatur — wenigstens vor zwanzig Jahren — bestand darin, daß sie annahm, Einflüsse wären bewußt, oder daß sie überhaupt Einflüsse annahm. Denn sehr oft gibt es keine Einflüsse. Die Dinge sind ganz einfach da. Viele von uns reagieren auf gleiche Weise. Wir sind gleichzeitig frei und vorbestimmt.

Wie denken Sie jetzt über Feydeau, nachdem Sie ihn gelesen haben?

Er ist ein großer humoristischer Autor. Für mich nicht sehr interessant. Mich persönlich langweilt er, genau wie Labiche. Er war dennoch ein großer Autor. Er war von Natur Humorist. Er belastete sich nicht mit Literatur oder Philosophisterei. Er hatte keinen kulturellen Ehrgeiz. Er war das, was er war: eine Vollnatur, ein Theatertiger.

Wurde die Verwandtschaft zwischen Feydeau und Ihnen nicht von außen her durch Inszenierungskniffe hervorgehoben? Verdankt zum Beispiel die Art und Weise, wie man heute die Stücke von Feydeau spielt — wobei man den Me-

chanismus der Sprache oder der Handlung betont —, nicht sehr viel dem Spielstil der «Kahlen Sängerin»?

Ich glaube nicht. Wenn es bei den Schauspielern, die meine andern Stücke gespielt haben, einen Spielstil gibt, so bestimmt nicht bei den Darstellern der «Kahlen Sängerin». Sie haben, und das war gut so, reines Boulevardtheater gemacht, ganz natürlich, in der gewohnten Weise und mit vollem Ernst ein Stück mit groteskem Dialog gespielt. Um auf den Mechanismus bei Feydeau zurückzukommen: Ich las kürzlich aufmerksam ein Stück von ihm: «Der Floh im Ohr» (La Puce à l'Oreille). An die Handlung kann ich mich kaum erinnern. Wirklich interessant war die Mechanik. Man hat viel von Feydeaus Mechanismus gesprochen, aber wahrscheinlich hat man ihn nicht genügend untersucht. Man hat auch behauptet, Feydeau habe Kritik geübt oder durchdringende Sittengemälde seiner Zeit geschaffen. In Wirklichkeit ist der Inhalt seiner Werke ganz uninteressant: stupid. Sein Mechanismus ist interessant: Mechanik der Vermehrung, der geometrischen Progressionen, Mechanismus um des Mechanismus willen. Wir alle kennen von Bergson mindestens einen berühmten Satz: «Das Komische ist das dem Lebendigen aufgepflanzte Mechanische.» Bei Feydeau ist es zuerst (in «Der Floh im Ohr») Lebendiges mit ein bißchen Mechanischem, dann bleibt allein eine verrückte, überbordende Mechanik übrig. Überbordende Mechanik ist eine Mechanik, die so gut läuft, daß alles nur noch Mechanik ist, und wenn sie alles an sich reißt, ist die ganze Welt nur noch Mechanik. Ich stelle fest, daß sich diese überbordende Mechanik in meinen «Stühlen» (Les Chaises) finden läßt; auch «Der neue Mieter» (Le Nouveau Locataire) ist ein Überborden des Mechanischen. In der «Unterrichtsstunde» (La Leçon) ist es ein Überborden der Sprache. Sie sehen, das Komische ist erschreckend, das Komische ist tragisch.

Wenn ich richtig verstehe, so haben die Dramatiker Sie sehr wenig beeinflußt; wesentlich aber war für Ihre Entwicklung als Schriftsteller die Reflexion über die Literatur im allgemeinen, über den Sinn des Komischen und die Bedeutung des Traumes — um zwei Hauptthemen Ihrer Stücke zu nehmen — im besonderen. Und die Tatsache, daß man in Ihrem Werk eine so oder so geartete Verwandtschaft mit bekannten Autoren feststellen kann, rührt nicht von einer direkten und bewußten Verbindung her, sondern sie beruht auf dem Umstand, daß Sie bestimmte Grundregeln des dramatischen Schaffens erkannt haben.

DER WEG ZUM DRAMA

CLAUDE BONNEFOY: *Wenn man bedenkt, was Sie alles über Ihre Neigungen gesagt haben, dann fragt man sich, wie und warum Sie Dramatiker geworden sind.*

EUGÈNE IONESCO: Das frage ich mich auch. Da würden Sie besser einen Psychologen fragen. Warum habe ich mein erstes Stück geschrieben? Vielleicht wollte ich beweisen, daß es keine wirklichen Werte gibt, daß nichts lebenswert ist, weder die Literatur noch das Theater, weder das Leben noch die Werte.

Dafür hätten Sie auch eine andere Ausdrucksform wählen können, Gedicht, Roman, Essay. Stücke wie «Mörder ohne Bezahlung», «Opfer der Pflicht», «Nashörner», «Fußgänger der Luft» waren ursprünglich Erzählungen; Sie haben sie unter dem Titel «Die Photographie des Obersten» in einem Buch herausgegeben. Waren Sie nicht zuerst zum Erzähler berufen?

Zuerst schrieb ich — das sagte ich Ihnen schon — Literaturkritiken. Und auch Gedichte, sehr schlechte Gedichte.

Sagen Sie!

Oh, sie sind jämmerlich, voll von rudimentären Anthropomorphismen: weinende und blutende Blumen, die von Wiesen, von Frühling und allem möglichen träumen. Ich war siebzehn. Als Entschuldigung kann ich Maeterlinck und Francis Jammes anführen. Und dann, nach den überaus schlechten Gedichten, fing ich an, strenge Literaturkritiken zu schreiben, als wollte ich mich selbst in den andern bestrafen. Dann versuchte ich mich an einem Roman, der nicht beendet wurde. Das ist lange her.

Was war das Thema dieses Romans?
Ich. Selbstverständlich.

*Sie fingen also in der üblichen Reihenfolge mit Jugendge-
dichten an?*
Nein, vorher schrieb ich Theaterstücke.

Schon?
Warten Sie! Zuallererst, mit zehn oder elf Jahren, fing ich
mit meinen «Memoiren» an. Ich schrieb zwei Seiten, die ich
verloren habe. Ich erinnere mich noch an die erste Seite, die
ersten Sätze. Ich schilderte, wie man mich mit drei Jahren
photographiert hatte. Heute habe ich vergessen, wie man
mich mit drei Jahren photographiert hat. Ich erinnere mich
nur, daß ich es als Zehnjähriger beschrieben habe. Und mit
elf Jahren schrieb ich Gedichte und vaterländische Stücke.
Vaterländische Stücke auf französisch. Mit dreizehn Jahren
kam ich nach Rumänien, ich lernte Rumänisch, und mit
vierzehn Jahren übersetzte ich mein vaterländisches Stück
ins Rumänische und machte es zu einem rumänischen vaterländischen Stück.

Sie waren ein Doppelpatriot.
Ich wurde in meiner Jugend sehr durcheinandergebracht.
In der französischen Volksschule hatte ich gelernt, daß das
Französische die schönste Sprache der Welt ist, daß die Franzosen das tapferste Volk der Welt sind, daß sie ihre Feinde
immer besiegt haben, daß die wenigen Male, wo sie besiegt
wurden, die Schuld bei einem Grouchy oder Bazaine oder an
der Tatsache lag, daß einer gegen zehn kämpfen mußte. In
Bukarest lehrte man mich, daß die schönste Sprache der Welt
nicht das Französische, sondern das Rumänische ist, daß die
Rumänen ihre Feinde immer besiegt haben, daß die wenigen
Male, wo sie nicht Sieger blieben, die Schuld bei irgendwel-
chen Grouchys, Bazaines, ich weiß nicht wem, lag. So lernte
ich, daß nicht die Franzosen, sondern die Rumänen die be-

sten und allen überlegen sind. Gott sei Dank kam ich ein Jahr später nicht nach Japan! . . . Ich begann also mit einem vaterländischen Stück. Zur gleichen Zeit schrieb ich ein Lustspiel.

Hatten Sie schon damals den Hang zum Humoristischen?
Ja. Ich erinnere mich nur dunkel an dieses Stück. Ich war elf oder zwölf, und es ereignete sich in Paris, an der Rue de l'Avre. Ein Junge hatte mir erzählt, er besitze eine Kamera, er könne Filme machen, das war gelogen. Er war ein kleiner Mythomane. Er hatte mich gebeten, das Drehbuch zu schreiben. Soweit ich mich erinnere, war das Ende so: Man schlug im Hause alles zusammen. Sieben oder acht Kinder versammelten sich, aßen ihr Vesperbrot, dann zerschlugen sie die Tassen, sie zerschlugen das ganze Geschirr, sie zertrümmerten die Möbel, warfen die Eltern aus dem Fenster.

Das Ende war sicher nicht die Atombombe wie im «Zorn» (La Colère). Erstaunlicherweise trifft man in diesem kindlichen Drehbuch dieselben Mechanismen, dieselben Themen wie im «Zorn»: Beschleunigung, Überborden, Zerstörung.
Vielleicht bin ich immer den gleichen Neigungen nachgegangen. Auch bei Feydeau gibt es Beschleunigung, Überborden; vielleicht reicht das auch bei ihm bis in die Kindheit zurück. Wahrscheinlich sind Beschleunigung und Überborden Bestandteile meines Rhythmus, meiner Vorstellung.

War das auch in Ihrem angefangenen Roman zu finden?
Bestimmt nicht.

Hat Sie nicht die Angst, sich selbst auszuliefern, die Angst, erkannt zu werden, veranlaßt, den Roman — dessen Thema Sie selbst waren — abzubrechen?
Möglich.

Im Theater dagegen trägt man eine Maske, man spricht durch die Personen, auch wenn man von sich selbst spricht.
Es ärgert mich immer mehr: An allem, was ich schreibe, grübeln die Leute, Professoren, Psychologen herum und sagen sich, ich sei es, der da redet. Ich stelle immer wieder fest, daß meine Stücke als eine Aneinanderreihung von Bekenntnissen gedeutet werden können, daß ich in meinen Stücken anscheinend Dinge gestehe, die man nicht gestehen soll. Ich bekomme Dissertationen, ich bekomme unveröffentlichte Bücher über mich, das erschreckt mich zutiefst. Habe ich an Geheimnisse gerührt? Habe ich gehofft, man würde sie nicht verstehen, oder man würde sie den Figuren ankreiden? Ich stelle auch fest, daß ich Dinge gesagt habe, die ich nicht sagen wollte. Ich selbst war mir über all das nicht klar, und nun entdecken es die andern — reiner Unsinn! Um genau zu sein, meine Figuren sind nicht immer ein «Alter ego», es sind andere Personen, erfundene Personen, auch Karikaturen von mir, das, wovor ich Angst hatte, ich könnte es werden; das, was ich hätte werden können und gottlob nicht geworden bin; oder aber es sind vergröberte Teilstücke von mir; oder, wie ich schon sagte, ganz andere Personen, die ich bedaure, über die ich lache, die ich hasse, die ich liebe; sie sind manchmal auch das, was ich sein möchte. Das jedoch seltener. Sie sind auch personifizierte Angst oder — sehr häufig — Traumgestalten.

Wenn das Schreiben Sie befreit hat, stört es Sie dann nicht, diese Dinge auf dem Umweg über die Kritik widergespiegelt zu sehen?
Es stört mich.

Was erst Befreiung war, droht durch diesen Spiegel der Kritik zum Gegenteil zu werden.
Ja. Wenn alle Menschen Dichter, Künstler oder Psychiater oder Priester wären, könnte man alles sagen. Aber da die Menschen nur Türsteher sind, Leute von Welt, das heißt Tür-

steher auf einer höheren Stufe, steht die ganze Literatur nackt da. Die ganze gegenwärtige Literaturgeschichte ist eine Türstehergeschichte. Was ein braver Mann sagt, das wird von den Journalisten, den Lesern nicht so verstanden wie von Künstlern, Priestern, Ärzten, Psychologen. Die Allgemeinheit sieht nicht, was diese Geständnisse bedeuten. Sie erkennt die tiefere, die umfassende Wahrheit im Geständnis eines einzelnen nicht. Sie interessiert sich nur für das persönliche Geständnis, nicht für die umfassende Wahrheit, das heißt sie interessiert sich nur für das Schlüsselloch. Die Leute interessiert das Allgemeine, Umfassende im Einzelwerk eines Schriftstellers nicht, sondern sie wollen seine Privatgeschichten erfahren. Um es noch einmal zu sagen: nicht das, was das Werk ausmacht. Das Studium der Quelle ist sicher interessant; das Werk ist interessanter. Das Werk ist mehr als seine Quelle, es geht über die Quelle hinaus.

Ich hingegen möchte wissen, wie und warum Sie die Maske des Dramatikers aufgesetzt haben.
Wie ich zum Theater gekommen bin? Das weiß ich nicht.

Haben Sie in «Argumente und Argumente» nicht gesagt, Sie seien zum Theater gekommen, weil Sie es nicht ausstehen konnten?
Ja, diese Antwort war sehr vereinfacht.

Sie stimmt mit der Bezeichnung der «Kahlen Sängerin» als «Antistück» überein. Was bedeutet für Sie der Begriff «Antistück»?
Vor fünfzehn oder sechzehn Jahren, als ich das Stück schrieb, muß ich sehr gut gewußt haben, was ich damit sagen wollte, inzwischen habe ich es vergessen.

Weil Sie das Theater inzwischen liebgewonnen haben?
Oh, der Ausdruck, das Theater lieben, war nicht ganz richtig. Ich habe es eigentlich nie geliebt. Ich gestehe Ihnen, ich

habe zwar in «Meine Erfahrungen mit dem Theater» geschrieben, daß ich das Theater zu lieben begann und es in mir wiederentdeckte, aber das war eine Konzession, die ich den Theaterkritikern, die sich für mich einsetzten, und den Schauspielern, die mich spielten, zuliebe machte.

Als Sie Ihr erstes Stück, «Die kahle Sängerin», schrieben, hatten Sie doch bestimmte Absichten. Was die Kritiker am meisten verblüffte — nicht jene, die nie etwas davon verstanden haben —, das war die kritische Betrachtung des Alltagslebens, die mit der Literatursprache zu Gericht ging.

Ich weiß nicht, was sie darin gesehen haben. Jean Pouillon hat das Stück richtig verstanden. Er hat in «Les Temps Modernes», Juni 1950, einen Artikel veröffentlicht, in dem er alles, was ich sagen wollte, wundervoll erklärt. Das war es. Mir ging es weder um die Unmöglichkeit, sich mitzuteilen, noch um die Einsamkeit. Im Gegenteil. Ich bin für die Einsamkeit. Man behauptet, meine Stücke seien ein Klagegesang über den vereinsamten Menschen, der sich den Mitmenschen nicht mitteilen kann. Nichts davon. Man kann sich sehr leicht mitteilen. Der Mensch ist nie einsam, und unglücklich ist er nur, weil er nie einsam ist.

Wollten Sie das zeigen?

Was das Stück für mich war? Darstellung des Ungewöhnlichen, des Lebens vom Blickpunkt des absolut Ungewohnten aus. Es gibt eine Stufe der Verständigung zwischen den Menschen: Sie sprechen miteinander, sie verstehen einander. Das ist verblüffend. Warum verstehen wir uns? Ich verstehe die Tatsache, daß wir uns verstehen, nicht mehr. Wenn man sich freiwillig vollständig außerhalb oder ins obere Stockwerk begibt, wenn man wie in einem Zuschauerraum oder wie ein Wesen aus einer anderen Welt den Menschen und dem, was sich hier ereignet, zusieht, dann versteht man nichts, die Worte sind hohl und leer, alles ist leer. Wenn wir den Leuten beim Tanzen zuschauen und uns dabei die Ohren verstopfen, ist es genau dasselbe Gefühl. Was machen die? Was soll das bedeuten? Ihre Bewegungen wirken unsinnig. Ich schreibe Theaterstücke, um diesem Gefühl der Verblüffung und des Staunens Ausdruck zu geben. Wieso und was sind wir? Was bedeutet es? Nein, ich frage nicht einmal nach dem Warum; ich frage nicht, was soll das bedeuten. Es handelt sich um eine nicht formulierte — aber dadurch um so stärkere — Frage, um ein ganz ursprüngliches Gefühl, ein Urgefühl, angesichts der Tatsache, daß etwas da ist, sich wirklich oder scheinbar bewegt. Das wollte ich wiedergeben. Natürlich hat man soziologische Interpretationen gefunden, nämlich daß alles, was ich ausdrücken wollte, aus dem Bereich der Logik und der Soziologie stamme. Ich wollte in meinem Staunen über das Leben das Sein, das Ungewöhnliche des Seins herausstellen. Das Ungewöhnliche ist überall: in der Sprache, in der Tatsache, daß ich ein Glas nehme, daß ich es in einem Zug leere; kurz, in der Tatsache, daß ich lebe, daß ich bin. Es ist verblüffend, daß ich spazierengehe, daß ich nicht spazierengehe; daß ich etwas tue, daß ich es nicht tue, verblüffend: Revolution machen oder Revolution nicht machen: verblüffend . . . Wenn man das Leben einmal angenommen hat, wenn man darin steht, dann ist nichts mehr erstaunlich oder absurd. Wenn man einmal angenommen hat, darin zu stehen, versteht man sich. Wenn man hinausgeht, sich entfernt, zuschaut, dann versteht man sich nicht mehr. Die Personen in der «Kahlen Sängerin» sagen sich banale Dinge. Aber ich schrieb das Stück nicht, weil ich die Banalität ihrer Reden kritisieren wollte. Mir schien das, was sie sagen, nicht banal, sondern erstaunlich und in höchstem Grade außerordentlich. Wenn Herr und Frau Smith zu Beginn des Stückes sagen: «Wir haben heute abend Brot, Kartoffeln und Suppe mit Speck gegessen. Wir haben gut gegessen heute abend», so wollte ich damit mein Staunen über die außerordentliche Handlung des «Essens» ausdrükken. Essen schien mir außerordentlich, erstaunlich, verblüffend. Ob die Personen nun sagen: «Wir haben Kartoffeln mit Speck gegessen», oder ob sie sagen: «Die äußere Erscheinung verbirgt das Ding an sich», oder im Gegenteil: «Das Wesen der Dinge wird durch die äußere Erscheinung ausgedrückt und durch sie erkennbar», das alles hat für mich denselben Wert oder Unwert. Diese Aussagen sind eine wie die andere verblüffend. Oder auch wunderbar.

Sie setzen alles Widerspruchsvolle auf dieselbe Ebene. Erlaubt nicht gerade das Theater, Widersprüche darzustellen, ohne eine Synthese vorzuschlagen?
Ja, genau. Und das Leben ist für mich wie für Sie bald unerträglich, schwer, armselig, mühsam oder verblüffend, bald scheint es Offenbarung der Göttlichkeit, des Lichtes. Und wenn ich lieber Theaterstücke schreibe als Romane oder Essays, so deshalb, weil der Essay und sogar der Roman ein zusammenhängendes Denken voraussetzen, wohingegen das Theaterstück der «Unzusammenhänglichkeit» oder den Widersprüchen freien Lauf läßt. Auf der Bühne können die Personen irgend etwas sagen, jede Absurdität, jeden Unsinn, den sie sich vorstellen; denn die Personen sprechen es aus, nicht ich. Die Achtung vor den Menschen bleibt gewahrt.

Die Personen auf der Bühne ermöglichen es Ihnen also, zu bestimmten Problemen Abstand zu gewinnen?
Ja, vor allem zu allen quälenden Gedanken, allen möglichen und widerspruchsvollen Dingen. Später vereinigen sich alle diese Dinge irgendwie und stellen eine Synthese dar . . . nein, keine Synthese, ein «Zusammen», das das Für und Wider, das Hoch, das Tief irgendwie ausgleicht, ein «Zusammen», das die Gegensätze zwar nicht in einer Synthese, sondern in einem vielgestaltigen Zusammenleben vereinigt.

Dieser im Theater vollzogene Abstand zu Ihren quälenden Gedanken, zum Gelebten, zu den Widersprüchen des Lebens tritt zutage, wenn man die unter dem Sammeltitel «Die Photographie des Obersten» vereinigten Erzählungen mit

den daraus entstandenen Stücken vergleicht. Bei den Erzäh-
lungen hat man den Eindruck, daß Sie uns eine direkte oder
kaum übertragene Aufzeichnung von Erlebnissen, guten und
schlechten Träumen geben. Bei den Stücken hat man den
Eindruck, es handle sich um eine an sich gegebene Sache
mit verschlüsselter oder feststehender Symbolik, eine Sache,
die Personen, nicht Eugène Ionesco, vor uns erleben.
So ist es, die Objektivierung ist größer. Nur ist sie nicht ganz
bewußt. Jede schöpferische Arbeit ist eine Mischung von Be-
wußtem und Spontanem.

Wie vollzieht sich der Übergang von der Erzählung zum Stück?
Die Erzählung ist manchmal der Urstoff eines Stückes. Ich
fing mit Theaterstücken an. Dann schrieb ich Erzählungen,
dann entstanden wieder Theaterstücke aus den Erzählungen.
Bei einer Erzählung sagte ich mir: Die Geschichte ist gut,
sie scheint sehr dramatisch, sehr szenisch. Ich will ein Stück
daraus machen. Die Erzählung ist also Rohmaterial, Direkt-
schrift. Ich arbeite mit ihr wie mit einem Drehbuch. Ich
kann auch versuchen, aus einer offensichtlich undramati-
schen oder sehr schwer zu dramatisierenden Erzählung ein
Stück zu machen. Die Erzählung ist bereits ein geistiger
Aufwand, eine Umschrift, und das Stück ist eine Umschrift
dieser Umschrift. Daher rührt eine bestimmte Objektivierung.

Wovon ist die Erzählung Umschrift?
Wovon ist das Gedicht Umschrift? Wovon das Theaterstück,
das nicht von einem Drehbuch ausgeht? Die ganze Literatur
ist Umschrift oder Niederschrift von dem, was ich sehe, was
ich denke.

Vielleicht könnte man hier den Versuch anstellen und an-
hand dieser doppelten Umschrift von Erzählung und Dreh-
buch herausfinden, wie bei Ihnen der schöpferische Arbeits-
vorgang ist.
Viel zu kompliziert ... heute. Ich habe darüber schon ge-

schrieben, «Von den Problemen des Schriftstellers» (deutsch
erschienen in Neue Rundschau, 1965, Heft 3) in «Argumente
und Argumente».

Wir könnten es versuchen.
Zu einem Versuch gehört ein Gedächtnis.

*Nehmen wir zum Beispiel die Geschichte, die einem Ihrer
Stücke, «Fußgänger der Luft», zugrunde liegt. Was gab
Ihnen das Verlangen, diese Geschichte zu schreiben? Woher
stammt die Anfangsidee?*
Das war ein Traum. Ich verwendete einen meiner Träume.
Den Traum des Wegfliegens. Ich glaube, wir haben über
diese Träume schon gesprochen. Nun, dieser Geschichte liegt
einerseits ein Traum, der Traum der Befreiung, der Kraft zugrunde, anderseits eine Kritik, eine Satire, eine realistische
Beschreibung des bedrückenden Lebens in totalitären Staaten, eine Prophezeiung des Unglücks. Die Pariser Kritiker —
außer einigen wenigen wie Kanters, Lemarchand, Gautier —
haben von der doch so einfachen Geschichte nichts verstanden. Die Kritiker der «Intelligenzia» wollten sie nicht verstehen. Kommen wir auf das Stück zurück. Ich ging gleichzeitig von einem Traum und einem bewußten Gedanken aus.
Der Traum, das ist der Mann, der wegfliegt. Was er bei seinem Flug sieht, das ist der bewußte Teil. Und was sieht er?
Ganz einfach, was in der einen Hälfte der Welt geschieht,
und was die andere Hälfte aus Verblendung, Gleichgültigkeit, vorgefaßten Meinungen nicht sehen will, die Millionen
und aber Millionen von verhöhnten Menschen; den Schrek-
ken, der sich festgesetzt hat, die Tyrannei, die verrückt gewordenen Gewalten, also die kleine Alltagsapokalypse, das
heißt die Gewohnheitsapokalypse, die Menschen, die den
Idolen die Schuhe lecken und andere lustig-katastrophale
Dinge. Dies alles ist schon in der Erzählung. Sie wollen nun
wissen, nehme ich an, wie aus der Erzählung ein Theaterstück geworden ist. Ich weiß, warum, aber ich weiß nicht

mehr genau, wie. Ich weiß, warum; ich sagte mir ganz einfach: «Der Fußgänger der Luft» ist kein Drama, er ist sogar das Gegenteil davon, und da er das Gegenteil eines Dramas ist, wollen wir versuchen, ein Drama daraus zu machen. Auch das Gegenteil des Dramatischen kann dramatisch werden. Es war eine Wette. Die Verwunderung, das Staunen über das Leben, das war schon da; wenn ich von diesen Gemütszuständen ausging, mußte ich — wie in der «Kahlen Sängerin» — ein Drama aus Undramatischem machen. Wie mache ich aus dem «Fußgänger der Luft» ein Drama, aus dem Männchen, das wegfliegt, aus Geschichten, die die vorbeigehenden Leute erzählen, statt daß ich einfache und gegenwärtige Konflikte behandle. Das hat mich gereizt.

Weil Sie dachten, das Unmögliche wäre möglich?
Ich habe vor langer Zeit Geschichten von Jean Richepin gelesen. Eine dieser Geschichten handelte von einem seltsamen Verbrecher, der im Gefängnis versuchte, ein Gedicht, eine ganze Epopöe aus Versen zu machen, die nur aus einsilbigen Wörtern bestanden. Er fing dieses Gedicht an, und er hörte damit auf, als ihm klar wurde, daß es möglich war. Diese Art von Wetten habe ich bei einigen meiner Stücke unternommen: bei der «Kahlen Sängerin», beim «Fußgänger der Luft» und sogar bei den «Stühlen». Ich glaube, das ist eine sehr gute Übung: im — mindestens scheinbaren — Gegenteil des Dramatischen einen Dramenstoff zu finden.

Hatten Sie den Eindruck, daß «Fußgänger der Luft» undramatisch war, weil es unmöglich schien?
Ich übertreibe ein bißchen. Im Grunde ist alles dramatisch, nur entspricht es nicht dem Begriff des Dramas, den wir gewöhnlich mit der Bühne in Zusammenhang bringen. Ich sage, mein Versuch sei Antitheater, weil ich das Theater außerhalb des Theaters oder des Dramatischen suchte — ich suchte die dramatische Situation in ihrer grundlegenden Urwahrheit.

Könnten Sie erklären, was Sie unter dieser dramatischen Situation verstehen? Und worin unterscheidet sie sich von den klassischen Situationen des Theaters, die die Theoretiker der dramatischen Kunst katalogisiert und die uns die Lehrer im Gymnasium vorgekaut haben?

Sie wissen es besser als ich. Ich sagte es schon: Wesentlich ist die Tatsache, daß man sich klar darüber wird, daß man Mensch ist, daß man sich der eigenen Lage gegenüber der Welt bewußt wird, die man fast nie als seine Welt empfindet. Diese Lage ist unangenehm, aber die ursprünglichste, die Ursituation. Die verschiedenen Aspekte, die historischen Varianten, mit der sich diese Welt kleidet, die ich vor mir, hinter mir, über, unter oder gar in mir habe, in der ich mich befinde wie jemand, der im Ozean ertrinkt — die verschiedenen Aspekte, was in der Welt geschieht, das ist zweitrangig. Das heißt, ob es nun dieses oder jenes ist . . . ob es dieser oder jener Film ist . . . das außerordentliche ist die Tatsache, daß es einen Film überhaupt gibt . . . das unerhörte ist, daß es das Kino gibt; kein Film zeigt uns das Wesentliche, sondern das Kino. Der heutige Dokumentarfilm ist zwar außerordentlich sensationell. Das Kino ist weit sensationeller, das Kino ist alle Filme zusammen. In jedem Film finde ich das Kino. Das Kino . . . oder — entschuldigen Sie — das Theater finde ich in jedem Stück, denn wir sprechen ja vom Theater, von der Existenz, von der Tatsache, daß es eine Welt gibt, daß Dinge in ihr geschehen. Nun, wir verstehen uns.

Ob dem Theaterstück nun eine Erzählung zugrunde liegt oder nicht, was veranlaßt Sie, zu schreiben?

Zu bestimmten Zeiten denkt man weniger zusammenhängend, gelöster, und dann habe ich freiere Bildassoziationen; ich spüre die verschiedensten Triebkräfte, die sich vertragen oder bekämpfen. Wenn ich mich in diesem sozusagen chaotischen Zustand befinde, ist es häufig an der Zeit, daß ich ein Theaterstück schreiben muß — häufig, nicht immer; denn es gibt keine allgemeingültige Regel. Das Chaos muß Gestalt annehmen, es muß sich zu einer klaren, zusammenhängenden Welt erheben. Wenn ich Essays schreibe, habe ich dagegen viel eher den Eindruck, Herr meiner selbst zu sein, sicherer der Sache, die ich zu wissen glaube. Ich will nichts weiter wissen, ich weiß. In solchen Zeiten kann ich kein Stück schreiben.

Sobald ich über mein Drama, über die Dramen der andern oder auch über die Malerei oder sonst irgend etwas nachdenke, bin ich nicht in einer schöpferischen Phase. In der schöpferischen Phase habe ich immer einen grotesken geistigen Stoffwechsel, mein Getriebe läuft regellos, unkontrollierbar. In diesem Zustand könnte ich Gedichte schreiben, wenn ich Lyriker wäre. In diesem Zustand tauchen alle möglichen Dinge auf, wie aus der Nacht, ich weiß nicht, woher. Ich packe sie, wie ich nur kann. Ich stelle sie einander gegenüber ... Wenn die Dinge einmal geschrieben sind, sind sie verfestigt, oder sie haben durch den Umstand, daß sie erstarrt, eines mit dem andern verbunden sind, einen gewissen Zusammenhang erhalten. In diesem Augenblick kann ich «denken», wie man so sagt; obwohl das sogenannte klare Denken für mich nur allzu oft eine völlig konventionelle oder ungenügende Art des Denkens ist, in den festen Klischees, entsprechend dem Mechanismus des oberflächlichen Rationalismus; das ist «nicht-denken».

Der Ausgangspunkt für das Schreiben eines Theaterstücks wäre also ein Zustand der Zusammenhanglosigkeit, des gestörten Gleichgewichts.
Genau, ein gestörtes Gleichgewicht.

Und dieses gestörte Gleichgewicht entspräche im Grunde einer Infragestellung. Es wäre selbst eine Frage. Und das Schreiben des Theaterstücks ermöglicht es Ihnen, diese Frage, wenn nicht zu lösen, so doch zu formulieren.
So ist es.

Sie gewinnen also Ihr Gleichgewicht aus einem gestörten Gleichgewicht?

Ja. In einem bestimmten Zeitpunkt erscheinen mir die Dinge klar. Ich kann leichter diskutieren, aber ich schreibe nicht. In andern Augenblicken findet in meinem Mikrokosmos sozusagen ein Erdbeben statt, alles stürzt ein, es ist eine Art Nacht oder vielmehr eine Mischung von Licht und Schatten, eine chaotische Welt. Aus dieser Welt hebt die Schöpfung an, gleichsam zum Makrokosmos ... Es ist eine Genesis auf künstlerisch-schöpferischer Ebene. «Mutatis mutandis» — ungefähr derselbe Vorgang, aber als Bild.

Hält dieser Zustand mit den nötigen Eindrücken und Fragen während der ganzen Zeit an, die Sie zur Niederschrift des Stückes brauchen, das heißt ein paar Monate, ein Jahr oder länger?

Ich schreibe ein Stück in zwei bis drei Monaten, auch in einem Monat.

Der Anfangszustand hält diese zwei bis drei Monate an?
Ungefähr.

Gibt es keine Anstöße, Stockungen, starke und schwache Zeiten?

Oh, das ist schwer zu sagen. Ja, es gibt Unterbrechungen. Dann finde ich zu einem normaleren Zustand des Gleichgewichts zurück. Dann tauche ich von neuem ein. Und dann geht es. Aber ich erinnere mich an die Niederschrift meiner Stücke «Stühle», «Wie wird man ihn los» (Amédée ou comment s'en débarasser), «Opfer der Pflicht». Ich glaube zum Beispiel, daß ich «Opfer der Pflicht» sehr gut verstehe, besser, als die Kritiker dieses Stück verstanden haben, damals aber, als ich diese Stücke schrieb und auch gleich danach sah ich — auf einer andern Ebene des Verstehens — nicht immer sehr klar.

Können Sie diesen Mechanismus erklären, der gleichzeitig Schöpfung ist und . . .

Bewußtseinswerdung. Es ist eine Bewußtseinswerdung. Wenn man mich beim Schreiben gebeten hätte: «Erklären Sie mir ,Opfer der Pflicht'», hätte ich ein anderes Stück schreiben müssen, um es zu erklären; das heißt, ich hätte eine andere Bilderfolge schreiben müssen. Das gewöhnliche Verstehen bewegt sich auf einer andern Denk- und Bewußtseinsebene, es gehört einem andern Formulierungssystem an.

Sie erlebten in gewisser Hinsicht dasselbe Abenteuer wie Choubert in «Opfer der Pflicht». Sie staken im gleichen Tunnel.

Genau. Wenn das Stück gespielt wird und die Kritiker sagen: «Das ist dies und dies ist das», dann wird es mir wieder klar, und ich schreie: «Sie verstehen es doch gar nicht! Es heißt das!» Und dann kann ich eine Erklärung vom Stück geben. Ich kann es, weil ich nicht mehr in derselben Welt bin, ich habe mich von dem Stück gelöst. Als ich es schrieb, lebte ich außerhalb des Bewußtseins in der Logik des Traumes.

Aber ist ein Stück wie «Impromptu» (L'Impromptu de l'Alma) nicht gerade bewußt und kritisch?

Ja, ich habe auch bewußte und kritische Stücke geschrieben, «bewußt» in Anführungszeichen; denn alles ist bewußt oder auf andere Weise unbewußt. Sonnenlicht — Mondklarheit. Es gibt ein Tagesbewußtsein und ein Nachtbewußtsein, ein Tagesunbewußtsein, eine Art Vergessen. Es gibt parallel liegende Ebenen des Bewußtseins und des Wissens. Zum Beispiel «Die Nashörner» . . .

Dem Stück liegt doch ein Albtraum zugrunde?

Ja, einerseits ein Albtraum, ein fernliegender Albtraum, ein verarbeiteter Albtraum. Also kein Albtraum mehr, sondern eine Sache, über die ich mit kühlem Kopf nachgedacht habe.

Man hat mir vorgeworfen, ich sagte in dem Stück zwar, daß der Totalitarismus, daß die Kollektivierung vom Übel sind, aber ich gäbe keine Lösung. Ich hatte keine Lösung zu geben. Ich hatte zu zeigen, wie eine Veränderung im Kollektivdenken möglich ist, und zu zeigen, wie das vor sich geht. Ich beschrieb also ganz einfach, phänomenologisch, den Vorgang einer kollektiven Veränderung. Ich tat das, mit dem Bild des Albtraums als Grundlage, auf eine ganz klare Art. Aber ich selbst war nicht mehr im Albtraum. Als ich «Opfer der Pflicht» oder «Wie wird man ihn los» schrieb, da stak ich im Albtraum oder im Staunen. Das Staunen ist ein Gemütszustand, in dem ein bestimmtes Bewußtsein gebrochen ist, in dem ein anderes Bewußtsein auftaucht oder auftauchen will oder noch nicht aufgetaucht ist. Jetzt wird man zu mir sagen: «Sie sind ein Naiver, Sie sind kein klarer Schriftsteller.» Aber man kann doch nicht sagen, eine Sache «ist», wenn sie noch nicht ist, wenn sie gerade erst entsteht. Das Stück ist erst da, wenn ich geschrieben habe: Vorhang! Die Niederschrift der Stücke «Opfer der Pflicht», «Die Stühle» war wie das Wachsen eines Baumes: ein Baum, der sich erhebt, ohne normal bewußten Willen oder gegen den bewußten Willen, oder ohne dem Bewußtsein, das immer da ist, Rechnung zu tragen. Das Bewußtsein zeichnet auf; wenn man schreibt, ist man nicht blöde!

Erscheint das dauernd vorhandene, wächterähnliche Bewußtsein in Form von Korrekturen oder Strichen?
Wenn ich einen Artikel über Brancusi, über Gérard Schneider, über Byzantios schreibe, dann streiche ich, auch wenn ich einen Artikel über meine eigenen Stücke schreibe, wenn ich einen Artikel über die Literatur oder die dichterische Schöpfung schreibe. Wenn ich ein Drama schreibe, streiche ich sozusagen nie. Der Geist arbeitet anders. Ich lasse es geschehen ... Das tue ich nicht, wenn ich einen Artikel schreibe, da muß ich logische Bindeglieder schaffen, einen klaren Zusammenhang im Aufbau. Bei der Dichtung, beim drama-

tischen Schaffen muß man verhindern, daß sich das deduktive Denken dazwischendrängt.

Dem Stück «Opfer der Pflicht» liegen also Albtraum und Bilder zugrunde. Bei der «Kahlen Sängerin» waren Sie, wie Sie sagen, in ähnlichem Zustand; aber überließen Sie sich dabei nicht viel eher der Sprache als den Bildern? War nicht da die Niederschrift und dort das Erlebte?
Beides. Ich sagte, daß ich beim Schreiben versuche, das deduktive Denken oder das Tagesbewußtsein daran zu hindern, sich einzumischen, daß ich versuche, so viele Bilder wie möglich entstehen zu lassen; das ist nie ganz rein. Das bewußte Denken mischt sich immer ins spontane Entstehen der Bilder, und auch in das deduktive Denken mischen sich viele schwebende, unbewußte Dinge und so weiter . . .

Haben Sie Augenblicke, wo Sie sich durch eine Erinnerung besonders mitgerissen fühlen, oder durch ein Bild oder die Vorstellung, die Sie sich von einer Person machen, oder durch den Mechanismus der Sprache, der sich ganz von allein einschaltet, wenn ein Satz den andern herbeiführt; oder mischt sich eins mit dem andern?
Alles mischt sich, alles strömt herzu, bringt sich in Vorschlag, die literarischen Erinnerungen, die Träume, die ideologische Polemik, das Staunen über das Leben, die Spontaneität, die Überlegung, die Metaphysik, die Banalitäten . . . Zum Beispiel: Als ich «Die Stühle» schrieb, hatte ich zuerst das Bild von Stühlen, dann von einer Person, die in aller Schnelligkeit Stühle auf die leere Bühne schafft. Ich hatte zuerst dieses auslösende Bild, aber ich wußte überhaupt nicht, was es bedeuten sollte. Dann begriff ich. Ich begriff es immerhin noch vor den Kommentatoren. Sie erklärten: «Das Stück ist die Geschichte von zwei Personen, die versagt haben. Ihr Leben, das Leben, ist ein Versagen, ist absurd. Da sind diese beiden Alten und suchen sich zu überzeugen, daß sie etwas zu sagen haben, obschon sie nie irgend etwas geleistet haben. Sie stel-

len sich vor, Leute zu empfangen, sie glauben, daß sie leben...» Mit einem Wort, die Kommentatoren, die Zuschauer erzählen das Thema des Stückes. Das alles war das Stück überhaupt nicht; es war etwas ganz anderes: die Stühle selbst und ihre Bedeutung — nun gut, ich habe den Versuch unternommen, es zu verstehen, wie man versucht, seine Träume zu deuten. Ich sagte mir: «Es ist das Nicht-Dasein, die Leere, das Nichts. Die Stühle sind leer geblieben, weil niemand da ist. Und am Schluß fällt der Vorhang über dem Lärm der Menge, und auf der Bühne ist nichts als leere Stühle, Vorhänge, die im Wind schlagen, und so weiter... und nichts ist da. Die Welt existiert nicht wirklich. Das Thema des Stückes ist nicht das Versagen, sondern das Nichts. Das vollkommene Nicht-Dasein: Stühle und niemand. Die Welt ist nicht; denn sie wird nicht mehr sein, alles stirbt, nicht wahr?» Man hat also der Sache eine vernünftige Erklärung gegeben, eine psychologische, eine klare; dabei handelt es sich um ein anderes Bewußtsein, das Bewußtsein der Verpflichtung.

Hat das Schreiben des Stückes nicht dazu gedient, das Bild des leeren Stuhles zu beleuchten?
Ich könnte ein anderes Stück darüber schreiben, was das Stück bedeutet; aber das Stück selbst, das waren die leeren Stühle, das Ankommen der Stühle, der Wirbel mit den Stühlen, die man hineinträgt, die den ganzen Bühnenraum besetzt halten, als ob eine handfeste, massive Leere, wenn ich so sagen darf, alles verschlänge und sich einrichtete...

Die Vermehrung der Stühle.
Die Vermehrung und gleichzeitig das Nicht-Dasein, gleichzeitig die Überschwemmung und das Nichts.

Durch die Vermehrung der Stühle dehnen Sie das Nicht-Dasein auf den ganzen Bühnenraum aus, der den Weltraum darstellt.

Auf den ganzen Weltraum, ja, das stimmt.

Ich komme auf meine ursprüngliche Frage zurück. Wenn Sie ein Stück schreiben, gehen Sie dann immer von einem Traum oder von einer bewußten Überlegung aus? Und wie arbeiten Sie, wenn der Ausgangspunkt gegeben oder gewählt ist?

Das ist ganz verschieden. Ich sagte es schon: Einmal gehe ich von einer Erzählung aus, so wurde aus der «Photographie des Obersten» das Stück «Mörder ohne Bezahlung»; dann wieder von einem Traum, von einem Satz, einer Vorstellung, einem Bild und so weiter. Der Ausgangspunkt für «Wie wird man ihn los» war der Traum von einem Leichnam, der in einem langen Gang des Hauses lag, in dem ich wohnte. In «Jakob oder Der Gehorsam» stecken mehrere Träume, der Traum von einem galoppierenden Hengst, der Feuer fängt, dieser Traum wurde so getreu wie möglich in das Stück übertragen; der Traum von einem kleinen Meerschweinchen, von kleinen Tieren, die in einer wassergefüllten Badewanne am Grunde sitzenblieben und doch nicht ertranken. Wir haben schon vom Traum des Wegfliegens gesprochen, ich habe ihn öfters erlebt, er liegt der Erzählung «Fußgänger der Luft» zugrunde. Auch in meinem letzten Stück «Hunger und Durst» stecken verschiedene Träume; der Traum von der Frau im Feuer, der Traum von einer verstorbenen Verwandten. Ich sah sie in einer seltsamen Kleidung wieder, ich wußte im Traum, daß sie tot war, es verblüffte mich, daß sie mich besuchte. Und der Traum vom Keller im ersten Akt, das ist ein häufiger Traum von mir: der Traum vom zusammenstürzenden Haus. Irgendwie ist es das Grab; in diesem Traum erscheint öfters meine Mutter. Für einen Psychologen wäre das vielleicht äußerst aufschlußreich.

Wir treffen hier auf das bekannte Thema des Versinkens im Schlamm, den Verlust des Lichts.

So ist es. In andern Stücken gehe ich ganz einfach von einem

Gemütszustand aus, von einem Zustand des Staunens; vom Gefühl, daß die Welt seltsam ist. So war es bei der «Kahlen Sängerin». Ich habe da ein humoristisches Stück geschrieben, obwohl mein ursprüngliches Gefühl überhaupt nicht komisch war. Auf diesen Ausgangspunkt sind verschiedene Dinge gepfropft: das Gefühl, daß die Welt seltsam ist, daß die Menschen eine mir unbekannt gewordene Sprache sprechen, daß die Feststellungen ihren Inhalt verloren, die Bewegungen sich ihrer Bedeutung entledigten; dazu auch eine Parodie des Theaters, eine Kritik der Gesprächsklischees. Im Grunde geht es immer gleich. Ein Stück ist nicht dies oder das. Es ist viele Dinge in einem. Es ist dies und das.

Wie arbeiten Sie? Brauchen Sie einen Stundenplan, einen genau festgesetzten Rahmen, Anregungen von außen?
Das ist sehr verschieden. Ich kenne keine Regel, ich habe keine Methode. Ich habe Launen, das heißt, mal schreibe, mal diktiere ich. Es gibt Zeiten, wo ich eine gewisse Ruhe finde, dann arbeite ich jeden Vormittag von neun bis zwölf, von neun bis ein Uhr. Schreiben ist ja keine Arbeit ... Ich bin der Ansicht, daß es ein Unglück ist, zu leben. Ich bin der Ansicht, daß es ein noch größeres Unglück wäre, nicht zu leben. Aber unter allen Leuten, die leben, bin ich einer der größten Glückspilze. Es geht mir besser als jedem König, denn selbst die Könige arbeiten, während ich gehen kann, wohin ich will, wann ich will, mit Heft und Bleistift. Ich muß keine Stempelkarte in die Kontrolluhr stecken — früher mußte ich es tun, und ich weiß, was das heißt! Ich habe also den Eindruck, ich wäre ein schmollendes Kind mit schlechtem Charakter, und es wäre nicht nett von mir, so unzufrieden mit dem Leben zu sein. Dabei führen andere Krieg, töten einander; andere sterben vor Hunger, andere arbeiten fürs tägliche Brot: ich lebe nur. Doch kann man sagen, ich arbeite nicht, und man kann sagen, ich arbeite. Das eine wie das andere stimmt. Ich arbeite nicht, denn ich kann scheinbar machen, was ich will; gleichzeitig bin ich aber Sklave

der Worte, des Schreibens, und Schreiben ist wahrhaftig mühselig. Ich schreibe nur aus schlechtem Gewissen; denn ich bin versucht, nicht zu schreiben, die Bürde nicht auf mich zu nehmen, nicht zu arbeiten. Ich brauche Monate der Akkumulation, um einen Monat schreiben zu können. Was sind denn diese langen Monate der Akkumulation? Die Arbeitslust, die Traurigkeit, daß ich nicht arbeite, die Angst, daß ich mein Leben verpasse, der Gedanke daran, daß Menschen Hungers sterben oder niedergemacht werden, während ich auf dem Montparnasse bummle. Alle diese Gewissensbisse ergeben eine Energie-Anhäufung, und nach ein paar Monaten habe ich dann endlich genug Energie beieinander für einen Monat. Ich muß mit dem Stück in einem oder in zwei Monaten fertig werden, wenn's länger dauert, ist es aus, und ich kann den Stückschluß verpassen, weil keine Energie mehr in mir ist.

Wie viele Stunden im Tag arbeiten Sie in diesem Zustand?
Eine Stunde, fünf Viertelstunden, anderthalb Stunden, zwei Stunden. Manchmal arbeite ich auch vier Stunden hintereinander, aber das ist nicht richtig gearbeitet; denn für den Rest erledige ich Korrespondenz.

Und was tun Sie die übrige Zeit?
Ich ruhe mich aus.

Denken Sie an Ihr Stück oder nicht?
Ja, ich denke daran. Dann ruhe ich mich aus, ich löse Kreuzworträtsel, denn dabei kann ich an etwas ganz anderes denken . . . oder überhaupt nicht denken.

Befreit Sie die Niederschrift des Stückes von dem Schuldbewußtsein, das Sie während der monatelangen Akkumulation fühlen?
Das Gefühl des Schuldbewußtseins kann mit der schöpferischen Arbeit nicht erlöschen. Ich fühle mich immer noch

schuldig, wenn ich schreibe; denn letztlich tue ich etwas sehr Eitles und für fünfzehnhundert Millionen Menschen Unnützes.

Haben nicht einige Ihrer Figuren — ich denke an Choubert in «Opfer der Pflicht», an Amédée in «Wie wird man ihn los» oder an Hans in «Hunger und Durst» — dieses Schuldbewußtsein geerbt?
Das ist nicht dasselbe Schuldbewußtsein.

Enthält ein Stück wie die «Nashörner» nicht die Ausweitung des individuellen Schuldgefühls auf ein kollektives Schuldgefühl?
Das Kollektiv fühlt sich nicht schuldig. Die losgelassene Masse, die lyncht, fühlt sich nicht schuldig. Nur das Individuum überlegt, kann sich schuldig fühlen oder nicht.

Ich fragte Sie vorhin, ob Sie beim Schreiben von Ihrem Schuldgefühl befreit würden. Sie verneinten. Würden Sie denn ohne dieses Schuldbewußtsein überhaupt schreiben?
Wir sprechen zuviel von Schuldbewußtsein. Vielleicht ist alles, was wir eben gesagt haben, zu drei Vierteln falsch. Auch ich bin ein Opfer von übernommenen Begriffen. Sagen wir lieber, ich arbeite aus Angst, aus Heimweh, einem Heimweh, das sein Ziel nicht mehr kennt, oder das sich darüber klar wird, daß seine Ursache anderswo liegt als im Ziel, auf das es gerichtet ist. Aber wo?
Wem gegenüber habe ich ein schlechtes Gewissen? Warum habe ich es? Ich kann Mitleid haben, ich kann bedauern, daß ich die Menschheit nicht zu retten vermag ... aber ich habe der Welt nichts zuleide getan. Die Kerkermeister, die Herren von der Justiz, die Tyrannen, die Grausamen, die Zyniker, die Tauben, die sollen sich erst einmal schuldig fühlen ... dann will ich es mir wieder überlegen.

Sie sagten, teils schreiben Sie Ihre Stücke, teils diktieren Sie.
Scheint Ihnen der Arbeitsrhythmus beim Schreiben und Dik-
tieren sehr ähnlich zu verlaufen, oder entspricht er verschie-
denen Notwendigkeiten?
Wenn ich schreibe, ist der Text innerlicher; wenn ich diktiere, dann ist er natürlich eher gesprochen. «Der König
stirbt» (Le Roi se meurt) ist ein diktiertes Stück, es hat auch
seinen Ursprung weder in einem Traum noch dem Zustand
der freien Vorstellung. Es ist ein sehr waches, das heißt ein
sehr aufgewecktes Stück. Die Niederschrift ist demzufolge
zusammenhängender. Man hat deshalb behauptet: «Jetzt
hat er die Avantgarde aufgegeben, jetzt macht er in Klassik.»
Die Entscheidung zwischen Avantgarde und Klassik stellt
sich überhaupt nicht. Ich schrieb einfach auf eine andere
Art; denn ich befand mich auf einer andern Bewußtseinsebene. Das Schreiben hängt vom jeweiligen Gemütszustand
ab.

Was war der Ausgangspunkt?
Ich ging von einer Angstvorstellung aus. Diese Angst ist sehr
einfach, sehr klar. Ich erlebte sie weniger irrational, weniger
im Seelischen, das heißt logischer, mehr an der Oberfläche
des Bewußtseins . . . Die Logik ist die Oberfläche des Bewußtseins. Der Traum ist das tiefe, wesentliche Bewußtsein. Die
Niederschrift von «Der König stirbt» dauerte zwanzig Tage.
Ich schrieb zuerst zehn Tage lang. Vorher war ich krank gewesen und hatte furchtbare Angst gehabt. Nach diesen zehn
Tagen erlitt ich einen Rückfall und war noch einmal vierzehn Tage krank. Nach diesen zwei Wochen machte ich
mich wieder an die Arbeit. Zehn Tage später war ich fertig.
Beim Durchlesen und bei der Aufführung des Stückes stellte
ich allerdings fest, daß der Rhythmus des ersten Teils nicht
dem Rhythmus des zweiten Teils entspricht. Es war ein anderer Rhythmus, ein anderer Atem, zwei verschiedene Teile
waren sozusagen aneinandergeklebt. Genau in der Mitte
spürte man einen Bruch.

Hatte die Wahl des Themas etwas mit der Krankheit zu tun?
Ja. Das heißt, die Krankheit veranlaßte mich, das Stück zu
schreiben. Seit Jahren hatte ich die Absicht gehabt, es zu
schreiben, aber ich getraute mich nicht.

*Zu Beginn unserer Gespräche sagten Sie mir, als Kind hätten
Sie gedacht, wenn man nur gut genug aufpasse, würde man
nicht sterben. Nun, diese Vorstellung finden wir im zweiten
Teil von «Der König stirbt», wenn der König sagt: «Und
wenn ich mich entschließe, nicht zu sterben.» Es würde sich
also um ein sehr altes Thema aus Ihrer Kindheit handeln, das
Sie durch Ihre Krankheit wiedergefunden haben.*
Es muß so sein. Aus den Kindheitserinnerungen — nicht aus
den Träumen. Dann noch etwas anderes; ich sagte mir: Man
kann das Sterben lernen, ich könnte sterben lernen, man
könnte den andern helfen, zu sterben. Da wir alle Todge-
weihte sind, die den Tod nicht annehmen, scheint mir dies
das Wesentlichste, was wir tun können. Das Stück ist der
Versuch zu einer Lehre vom Sterben.

Glauben Sie, daß das Schreiben Ihnen geholfen hat?
Mir überhaupt nicht. Vielleicht andern, zum Beispiel Ion
Vinea, dem rumänischen Übersetzer des Stückes, er ist ein
großer Dichter. Er war alt, er hatte eine schlimme Krankheit,
als er das Stück übersetzen wollte. Er hat drei oder vier Monate daran gearbeitet. Während der drei oder vier Monate
lag er beinahe im Todeskampf. Er gab das Manuskript seiner Übersetzung vier oder fünf Tage vor dem Tode aus der
Hand. Da er die Übersetzung machen wollte, als er wußte,
daß er sterben würde, und da er sie vollenden wollte und
konnte, wäre es möglich, daß das Stück ihm geholfen hat.
Und wenn es ihm geholfen hat, würde ich mich gerechtfertigt fühlen und so kühn sein, zu glauben, daß die Literatur
nicht ganz unnütz ist.

Das Thema des Todes oder vielmehr das Thema der Todes-
angst ist doch ein Hauptthema in Ihren Stücken. Ich denke
nicht so sehr an die direkte und beinahe banale Darstellung
des Todes, nicht an die Ermordeten in «Mörder ohne Bezah-
lung», nicht an den Leichnam in «Wie wird man ihn los»,
nicht an den Selbstmord der beiden Alten in den «Stühlen»;
ich denke an die Umsetzung, an die Symbolik des Themas:
das Versinken Chouberts, die Katastrophenwelt, die Behrin-
ger in «Fußgänger der Luft» entdeckt, das Nichts in den
«Stühlen», die Zertrümmerung des Gesprächs in der «Kah-
len Sängerin».
Ich glaube, Sie haben recht.

Wenn Sie beim Schreiben von einem Traum ausgehen, von
einer Angstvorstellung, von einem Bild und nicht von einer
Erzählung, die Ihnen die Struktur gibt, wissen Sie dann
schon zu Beginn, wie das Stück ablaufen wird?
Manchmal ja, manchmal nein. Bei der «Kahlen Sängerin»
zum Beispiel wußte ich es nicht, obschon das Stück für die
Bühne geschrieben und in Szenen eingeteilt wurde, erste
Szene, zweite Szene, dritte Szene und so weiter ... Es war
das erste richtige Stück, das ich als Erwachsener schrieb, und
ich schrieb es so, wie ich dachte, daß ein Theaterstück geschrieben werden müßte — jetzt sind meine Stücke nicht
mehr in Szenen eingeteilt. Ich notierte auch alle Regieanweisungen. Die Person setzt sich, sie steht auf, sie setzt sich
wieder, es läutet, man öffnet, man kommt herein, links,
rechts ... Und bei alledem gab es keinen festen Plan, er ent-
stand beim Schreiben. Ich wußte nicht genau, wie ich die
Zertrümmerung der Sprache am Schluß herbeiführen sollte,
diesen Zerfall, der mir vorschwebte. Genauso bei den «Stühlen».

In «Argumente und Argumente» sagen Sie, es gäbe verschie-
dene mögliche Schlüsse für die «Kahle Sängerin», und Sie
hätten den Schluß mit den Schauspielern zusammen auf der

Bühne gefunden. Und der Schluß, den wir auf der Bühne sehen, ist anders als der Schluß, den wir in der Buchausgabe lesen können. Warum gibt es zwei Möglichkeiten? Hat der Schluß keine Bedeutung? Liegt das Wesentliche in dem, was vorausgeht, im Herausarbeiten des verblüffenden und banalen Verhaltens der Personen?

Da sind zuerst die technischen Überlegungen; es war, nachdem das Stück vorlag, unmöglich, den Schluß zu realisieren, den ich wollte; denn er hätte viel mehr Personen verlangt, Maschinerie und so weiter. Außerdem braucht die «Kahle Sängerin» keinen Schluß, oder sie kann verschiedene haben, denn sie ist Ausdruck der Heterogenität. Das Fremde, das Ungewöhnliche kann man auf der Bühne sehr gut durch das Auftreten der Personen darstellen, die mit den andern oder mit irgend etwas anderem nichts zu tun haben. Alles ist Zufall, also ist jeder Schluß möglich; ich wollte aber dem Stück einen Sinn geben, indem ich es mit zwei Personen wieder von vorn anfangen ließ. Am Schluß fängt alles wieder von vorn an. Aber da in dem Stück zwei Paare auftreten, machen die Smiths den Anfang, und die Martins fangen am Schluß wieder von vorn an, das will besagen, daß der Charakter der Personen austauschbar ist: die Smiths sind die Martins, und die Martins sind die Smiths. Die Personen sind ohne jede Substanz, ohne jede psychologische Realität. Die Personen sagen irgend etwas, und dieses Irgendetwas hat keinerlei Bedeutung. So habe ich das Stück gemeint: Was die Personen sagen, hat keinerlei Bedeutung. Man wollte das psychologisch, soziologisch, realistisch deuten, man erblickte in den Personen Karikaturen von Kleinbürgern. Vielleicht. Ein bißchen geht es dahin. Ein bißchen. Wir haben den Hang, alles Ungewöhnliche auf uns, auf unsere auswendig gelernte Welt zurückzuführen; in Wirklichkeit kommen in der «Kahlen Sängerin» nur Puppen vor.

Ich komme auf das Problem des Stückschlusses zurück. Mich verblüfft, daß in einigen Ihrer Stücke — «Die kahle Sänge-

rin», «Die Unterrichtsstunde», «Opfer der Pflicht», «Hunger und Durst» — die letzten Sätze mechanisch wirken, das geschieht durch die Wiederholung desselben Satzes oder derselben Worte oder durch das Nennen von Zahlen. Handelt es sich dabei um eine Technik, oder hat das eine tiefere Bedeutung?

Sie sind Kritiker, Sie müßten das besser beurteilen können als ich ... Eigentlich gibt es keinen Grund dafür, daß ein Stück ein Ende findet. Man sollte einfach irgendwo aufhören, genauso wie man ein Band abschneidet. Denn ein Werk ist die Übertragung des Lebens, und jeder Schluß ist fiktiv.

Es sei denn, alle Personen des Dramas sind tot.

«Das Leben» geht aber weiter, auch wenn die Helden tot sind ... Das Drama geht weiter. Wenn wir tot sind, dann ist der Schluß nicht mehr fiktiv. Der Tod beschließt ein Leben, ein Theaterstück, ein Werk. Somit gibt es keinen Schluß. Es ist eine Vereinfachung des Theaters, einen Schluß zu finden, und ich begreife, warum Molière nicht immer wußte, wie er zum Schluß kommen sollte. Es braucht nur einen Schluß, weil die Zuschauer schlafen gehen wollen.

Man könnte sich ein Theater ohne Anfang und Ende vorstellen, wenn die Zuschauer nicht schlafen müßten.

So ist es in der Tat. Der Vorhang hebt sich über etwas, das schon lange vorher angefangen hat, und er senkt sich, weil man weggehen muß, aber hinter dem Vorhang geht es unendlich weiter. Der Bau eines Stückes mit Anfang und Ende ist künstlich. Es brauchte eigentlich einen viel komplexeren Bau, der erlaubt, daß es keinen Schluß gibt, oder gar keinen Bau, nicht diese Konstruktion, eine Übersetzung der Ereignisse. Etwas müßte offen bleiben. Das trifft auf das Leben zu. Warum sollte es beim Kunstwerk anders sein?

Ja, aber als Sie zum Beispiel am Anfang der «Stühle» oder der «Kahlen Sängerin» nicht wußten, wohin es führen würde, da fanden Sie diese Öffnung, diese Bewegung des Lebens.
Ich will sagen: Das Werk ist ein Ausschnitt des Lebens, das man in den Grenzen der Zeit und des Raumes einfängt, es verläuft, es setzt sich anderswo fort. Bei den «Stühlen» hatte ich ganz einfach das Bild von einem leeren Zimmer, das von unbesetzten Stühlen ausgefüllt wird. Die Stühle kommen schnell und immer schneller und bilden das Zentralbild, das war für mich der Ausdruck der ontologischen Leere, eines Wirbels von Leere. Auf dieses Anfangsbild, auf diese erste Zwangsvorstellung wurde die Geschichte von den beiden Alten gepfropft, die selbst am Abgrund des Nichts stehen, die ihr Leben lang Kummer hatten. Aber ihre Geschichte ist nur dazu da, dem Anfangs- und Grundbild, das dem Stück die Bedeutung gibt, als Stütze zu dienen.

Wir begegnen in Ihren Theaterstücken vielfach alten oder zumindest betagten oder freudlosen Personen, und wir begegnen auch längst miteinander verbundenen Paaren, die von allen möglichen kleinen Dramen mitgenommen sind — ist das nicht auch ein Symptom?
In «Wie wird man ihn los» handelt es sich um ein Paar. Für mich ist aber der Leichnam wichtig, denn er erklärt das Stück. Alles andere ist Geschichte drumherum, selbst wenn sie irgendeine tiefere Bedeutung hat. Der Leichnam ist für mich die Schuld, die Erbsünde. Der Leichnam, der wächst, das ist die Zeit.

Bestimmt, aber Amédée erlebt das Schuldgefühl, und durch dieses Schuldgefühl erklärt sich das Paar — und wird gleichzeitig herausgestellt. Und dieses Paar — das kein junges Liebespaar mehr ist — findet man in verschiedenen Ihrer Stücke. Wenn es nur dazu dient, ein Bild zu illustrieren, dann wäre die Zuflucht zu ihm eine Bequemlichkeit, eine Technik. Entspricht das Paar nicht etwas Tieferem?

Das Paar ist die Welt, Mann und Frau, Adam und Eva, das sind die beiden Hälften der Menschheit, die einander lieben, die zusammentreffen, die einander nicht mehr lieben können, die einander trotz allem nicht mehr lieben können, die nicht ohne einander sein können. Das Paar ist hier nicht nur ein Mann und eine Frau, sondern vielleicht auch die geteilte Menschheit, die zusammenzukommen, eins zu werden versucht.

Es bestehen also zwei Ebenen, die sehr konkrete der Alltagshandlungen, des Geschwätzes, der Streitigkeiten, und eine symbolische, wo die einzelnen genau beschriebenen Handlungen einen allgemeinen, symbolischen Wert gewinnen?
Ja, hoffentlich. Mit Hilfe der Personen kann ich den Symbolen Wahrheit verleihen; denn es sind mehr oder weniger «reale» Personen, die den Anschein erwecken, als gäbe es sie wirklich, als könnte man sie alle Tage sehen, wahre Personen, wenn man das sagen kann. Ihre Alltäglichkeit verleiht dem Nicht-Alltäglichen, Ungewöhnlichen, Seltsamen, Symbolischen Relief oder läßt es durch den Gegensatz hervortreten, Symbol im Sinne des Bildes, das eine Bedeutung hat.

Die Personen helfen Ihnen also, diese Symbole, diese Bilder aufzuhellen, die Ihnen als Ausgangspunkt·dienen?
Die Personen dienen mir zur Hervorhebung. Sie helfen mir, die phantastische Seite hervorzuheben; denn wenn man den Realismus mit dem Irrealen konfrontiert, erhält man einen Gegensatz, der gleichzeitig Vereinigung ist, das heißt der Realismus läßt das Phantastische leichter hervortreten und umgekehrt. Ich tue etwa dasselbe, was der Maler Byzantios in neuester Zeit gemacht hat. Byzantios ist ein abstrakter Maler. Er malte abstrakte Bilder, wie ich abstrakte Stücke schrieb; denn die «Kahle Sängerin» war mehr oder weniger ein abstraktes Stück. Und plötzlich, in seiner letzten Ausstellung, erfand er etwas: Auf den neuesten Bildern sieht man einen lebendigen Hintergrund in Bewegung, mit Licht-

bündeln, Schwingungen, ein ganzes abstraktes Drama. Der Hintergrund ist das eigentliche, das wahre Bild. Vor diesem Hintergrund, sozusagen auf die Vorbühne — setzt er eine Artischocke, einen Baum, eine Seerose und so weiter . . . Dieser reale oder realistische oder pseudorealistische Gegenstand gibt dem abstrakten Bildhintergrund seine Wahrheit, seine Kraft. Dasselbe habe ich, glaube ich, ganz spontan bei den «Stühlen» gemacht. Hier ist diese Bewegung, dieser abstrakte Wirbel der Stühle, und die beiden Alten dienen der reinen Konstruktion, der bewegten Architektur, die ein Theaterstück doch darstellt, als Grundpfeiler. Genauso in «Wie wird man ihn los». Da ist der reale Leichnam, und da sind die beiden Personen, die scheinbar leben.

Sie sagten vorhin, daß Sie beim Schreiben, wenn Sie von einem Grundbild ausgehen, nicht wissen, wohin es führt. Ist es schon vorgekommen, daß Sie sich in der Arbeit festgefahren haben?
Sie meinen, daß ich nicht mehr weiß, wie es weitergeht? In «Wie wird man ihn los» merkt man, daß ich festgefahren war.

An welcher Stelle?
Von dem Augenblick an, wo der Leichnam auf der Bühne erscheint. Die beiden Personen stehen da und betrachten ihn. Auch ich stand still und betrachtete ihn. Ich wußte nicht mehr, wie ich den Leichnam loswerden könnte. Was sollte ich tun? Weil die Personen da sind und nicht mehr wissen, was sie tun sollen, sagen sie einfach irgend etwas. Von der zweiten Hälfte des zweiten Aktes an spürt man, daß ich Zeilen schinde.

War es Ihnen beim Schreiben bewußt?
Ja, sicher. Bei «Fußgänger der Luft» wollte ich aus etwas Undramatischem ein Stück machen, und ich hatte Mühe, ins Dramatische einzudringen. Nachher ging es reibungslos, ich «fand», glaube ich, was das Stück brauchte.

Wenn Sie den Eindruck haben, festgefahren zu sein, legen Sie dann den Text auf die Seite und warten, bis der schöpferische Mechanismus wieder einsetzt — wie man grüne Früchte auf Stroh legt, bis sie reif sind —, oder schlagen Sie sich damit herum, gehen von irgendeiner Anlaufbahn aus und streichen und schaffen dann wieder frei weiter?
Das ist ganz verschieden. Mit dem «Fußgänger der Luft» habe ich mich herumgeschlagen. Das Stück mußte fertig werden.

Weil der Regisseur wartete?
Ja, äußerer Druck, wenn Sie so wollen.

Der mit Ihrer Bemerkung übereinstimmt, Sie müßten ein Stück möglichst rasch zu Ende bringen. Kann ein äußerer Druck fruchtbar sein?
Manchmal ja, manchmal nein.

Haben Sie in dieser Situation Angstzustände?
O ja! Ich sage mir: «Es ist ärgerlich, diesen Text abzuliefern. Ich müßte drei Monate daran arbeiten, sechs Monate, ein Jahr. Wozu soll ich mich beeilen?» Ich sage mir: «Das nächstemal mache ich mich rechtzeitig dahinter, ein Stück zu schreiben, dann wird es keine Konstruktionsfehler geben.» Aber ich warte bis zum nächsten Jahr, die Saison kommt näher, man verlangt von mir das Stück, das ich schreiben will, dessen Thema ich bereits im Kopf habe. Und ich schreibe es. Ich weiß, so wird es nie fertig. Aber schließlich handelt es sich um Literatur. Und dann geht es; die meisten literarischen Werke halten sich nur ein paar Jahre.

Glauben Sie, daß sich Ihre Stücke länger halten werden?
Das kann man nicht sicher wissen. Wir kennen die nicht, die kommen werden. Wenn zwischen ihrer und meiner Empfindung Übereinstimmung besteht, können meine Stücke weiterhin etwas bedeuten, sonst ist es aus. Ein Werk wird

nach -zig Jahren genial, wenn es nicht mehr vom Autor geschrieben ist, wenn es von den folgenden Generationen neu-
geschrieben wird. Sie schreiben vielleicht die Stücke, die
Romane, die Gedichte.

Man muß ihnen einen Anhaltspunkt geben.
Wir geben ihnen einen Anhaltspunkt. Aber die andern wollen ihn oder nicht. Das ist die Lotterie. Ist ein Werk wirklich
ein Werk oder ist es das, was die andern daraus machen, was
sie darüber denken wollen und so weiter... Das ist ein
Problem, ich überlasse die Lösung Ihnen. Meine Ansichten
darüber sind widersprüchlich.

*Ich komme auf die literarische Schöpfung zurück. Sie haben
eben von Konstruktion, Architektur gesprochen. Muß der
Bau eines Stückes im voraus vollkommen durchdacht sein,
oder nimmt er je nach dem Stand der Arbeit klarere Gestalt
an? Das würde mit dem, was Sie über die «Stühle» und «Wie
wird man ihn los» gesagt haben, eher übereinstimmen.*
Er kann durchdacht sein. Er kann auch im Verlauf der Arbeit entstehen. Stücke wie «Nashörner», «Der neue Mieter»,
«Die Unterrichtsstunde» sind klassisch konstruiert. Sie haben
ein Anfangsthema, eine einfache Entwicklung. Die Konstruktion ist also einfach, sie ist — vielleicht — die Übersetzung eines Atems, die Übertragung eines Rhythmus, einer
Bewegung. Es gibt verschiedene Arten, Stücke zu bauen. Es
gibt klassische Konstruktionen, romantische Konstruktionen,
barocke Konstruktionen, Konstruktionen, die offensichtlich
gar keine sind und doch Konstruktionen sind. Bei den «Nashörnern» und der «Unterrichtsstunde» war die Konstruktion
vorausgeplant, obwohl es sich um ganz verschiedenartige
Konstruktionen handelt. Für die «Unterrichtsstunde» wollte
ich eine steigende Kurve aufzeichnen, vorsichtig anfangen
und bis zur Exaltation des Lehrers kommen, dann zum bru-
talen Sturz. Bei den «Nashörnern» handelt es sich um die
Konstruktion einer dramatisierten Erzählung, aber auch um

eine dramatische Progression, ein Überwuchern; eine Falle,
die sich um jemanden schließt.

*Andere Stücke wie «Jakob oder Der Gehorsam», «Die kahle
Sängerin», «Opfer der Pflicht» scheinen mit allen romanti-
schen oder klassischen Konstruktionsschemata zu brechen,
und doch haben diese Stücke eine Einheit im Ton, in der
Atmosphäre. Wie wurde diese Einheit erreicht, durch welche
geheime Konstruktion?*

Durch eine natürliche ... oder spontane Konstruktion: ein
Kind, das zur Welt kommt, hat einen Kopf und Beine. Aber
selbst wenn es verkrüppelt ist, wenn es nur lebt, ist es ein
Organismus mit einem Seelenleben, es ist ein Wesen ...
würdig, daß man sich um es kümmert, eines Lebens würdig.
Die Ästhetik ist nicht mehr die Wissenschaft vom «Schö-
nen», sie untersucht die eingebildeten Wesen, die mit wahren
Bedeutungen beladen sind.

*Solange ein Stück nicht aufgeführt ist, lebt es nur in
der Literatur. Sein Wert für das Theater steht noch nicht
fest. Erst auf der Bühne gewinnt es seine ganze Gestalt
— allerdings immer mit dem Risiko, daß die Absichten des Autors vom Regisseur oder von den Schauspielern
verfälscht werden. Von diesen Möglichkeiten der Verfäl-
schung werden wir noch sprechen. Ich denke jetzt an eine
Stelle in «Argumente und Argumente», wo Sie von Ihrer
Verblüffung, Ihrer Überraschung sprechen, als Sie zum erstenmal sahen, wie Ihre Personen unter der Leitung von
Nicolas Bataille lebendig wurden.*

So ist es. Es ist so ungewöhnlich wie das Ungewöhnliche, wenn man sieht, daß man Personen geschaffen
hat. Als ich sah, daß Menschen aus Fleisch und Blut
meinen Text lernten, Feuerwehrhauptmann, Dienstmäd-
chen, die Smiths, die Martins, später der König oder die
Königin oder der Alte oder Semiramis wurden, da staunte
ich. Obwohl ich inzwischen daran gewöhnt bin, staune ich

immer noch. Es ist ganz und gar ungewöhnlich, wenn man erlebt, wie eine eingebildete Welt Fleisch wird. Ich wurde immer von einer gewissen Angst gepackt, wenn ich es sah. Ich hatte den Eindruck, als stünde ich sozusagen an der Stelle Gottes . . .

Hat Ihnen diese Erfahrung etwas für die schöpferische Arbeit gegeben?
Als technische Erkenntnis?

In erster Linie.
Nein, ich glaube nicht. Im Gegenteil. Das heißt, als ich meine ersten Stücke schrieb, hatte ich keine Konstruktion, oder vielmehr doch, es gab eine, nämlich einen Rhythmus, eine bewegte Konstruktion. Das Stück erhielt durch eine tote Zeit einen Schluß, das Stück ging zwar nicht weiter, aber das Leben des Stückes ging weiter. Nach dem dritten, vierten, fünften Stück, als ich sicher war, aufgeführt zu werden, hatte ich beim Schreiben immer größere Schwierigkeiten. Ich sagte mir: «Nein, das kannst du nicht machen, das geht nicht auf der Bühne. Wie sollen wir das machen, wir haben nur eine kleine Bühne, wir haben nur vier oder fünf Schauspieler . . .» Nein, es hat mir nicht nur wenig gegeben, es hat mich eingeengt.

Sie glauben nicht an die köstlichen, beglückenden Beengungen, von denen Valéry spricht?
Aber sicher, man kann von einer Sache nie sagen, sie sei so oder so. Sie ist gut und schlecht in einem. Nun, diese Beengung hat mich gelähmt, und gleichzeitig hat sie mir ein wenig geholfen. Wenn man nur drei oder vier Schauspieler zur Verfügung hat, dann ist es spannend, etwas für nur drei oder vier Figuren zu machen.

Wenn zum Beispiel ein Regisseur ein Stück bei Ihnen bestellt . . .

Man bestellt bei mir keine Stücke. Man bittet mich darum. Lange Jahre hatte ich zum Glück Freunde, die nur kleine Theater leiteten. Serreau, Marcel Cuvelier, Mauclair, Poliéri, Postec, der neben Mauclair, glaube ich, mein bester Regisseur war. Wenn sie wußten, daß ich an einem Stück arbeitete, wollten sie es so schnell wie möglich haben. Also mußte ich fertig werden.

Haben die Gespräche mit den Regisseuren Ihnen Klarheit über Ihre Arbeit gegeben?
Nein, ich glaube nicht. Ich bin nicht bescheiden, aber ich glaube, sie hatten alle Schwierigkeiten, mir zu folgen, das Theater anzunehmen, das zu jener Zeit ziemlich barbarisch schien. Meistens hatte ich Auseinandersetzungen mit meinen Regisseuren. Vor allem am Anfang. Die Regisseure hatten eine realistische Vorstellung vom Theater, ihre Mentalität war eher der Logik verpflichtet. Trotz Dullin, trotz Jouvet, trotz Pitoëff waren sie immer noch sehr nahe bei Antoine. Literatur, Malerei, Musik hatten überraschende Versuche unternommen: Surrealismus, Picassos Malerei, die abstrakte Malerei, die neue Musik und so weiter . . . Die Psychologie hatte riesige Fortschritte gemacht. Das Theater hinkte hinterdrein. Auf der Bühne herrschte immer noch ein konventioneller Realismus. Die Schuld daran liegt einerseits am Boulevardtheater, das immer noch am Leben ist und Realismus mit Unterhaltung mischt, anderseits aber am Lehrtheater, am Volkstheater. Denn das Boulevardtheater will um jeden Preis gefallen. Wir hingegen haben keine Angst, zu mißfallen, oft gegen das Publikum zu sein. Jedes Werk ist aggressiv, wenn nicht, ist es geschäftstüchtige Volksverführung, dann ist es ein Boulevardstück. Manchmal können wir dem Publikum spontan gefallen, statt es zu erobern. Bewußt tun wir es nicht. Wir lieben die «Konzession» nicht. Das Neue, das ist die Aufsässigkeit. In einer Kunst ohne Angriff, ohne Neues gibt es kein Leben, keine Bewegung. Ja, der Angriff, das ist das Neue. Die Theaterleute hätten den Bürger gern

auf leichte Weise unterhalten oder belehrt. Heute noch erleben wir dieses Problem, aber dieser Belehrungswille ist im Schwinden begriffen.

Er scheint mir immer noch sehr lebendig zu sein.
Sicher. Immerhin wollen die fortschrittlichen, die wirklich progressiven Schriftsteller mit der engagierten Literatur brechen. Wer sind denn diese Progressiven? Das sind nicht die englischen, französischen oder deutschen Progressiven, diese Didaktiker, Volksanhänger, Dogmatiker, diese bornierten Fanatiker; es sind die jungen Schriftsteller in Polen, Ungarn, die ein Bedürfnis nach Freiheit haben und dieses Freiheitsverlangen tief empfinden. Die Freiheit wird bei uns alle Tage mit dem Frühstück oder mit dem Schoppen Wein in allen Kneipen von Paris und Saint-Germain-des-Prés verzehrt. Sie ist so alltäglich, daß man sie nicht mehr spürt. Die Intellektuellen im Osten spüren ihr Nichtvorhandensein, das Bedürfnis nach Freiheit, sie hungern und dürsten nach der Freiheit. Wir leben nicht unter Zwangsherrschaft, die Polizei verhaftet uns nicht alle Tage; die Dichter des Ostens werden der Freiheit eine neue Jungfräulichkeit verleihen, sie werden sie uns verständlich machen, mein Gott, sie werden uns beibringen, daß wir frei sind. Nicht ganz ... Wir haben zwar alle Freiheiten, aber weniger Geistesfreiheit. Die russischen Schriftsteller, die noch nicht am akademischen sozialistischen Realismus erstickt sind, wollen auch die Freiheit der Phantasie.
Phantasie ist nicht Ausflucht. Sich etwas vorstellen, das heißt eine Welt bauen, eine Welt erschaffen. Mit der Kraft, mit der man Welten erschafft, kann man die Welt nach dem Bild der erfundenen, eingebildeten Welten «nachschaffen». Man richtet die Welt nicht wieder auf, man errichtet eine Welt. Gehen wir zurück. Ich sagte also, daß meine ersten Theaterstücke die Regisseure verblüfften. Sie liebten sie, und gleichzeitig wurden sie von ihnen in Erstaunen versetzt. Wie konnte man das auf der Bühne realisieren? Wie sollte man

fünfzig Stühle auf die Bühne schaffen? Sylvain Dhomme hat es getan, Mauclair hat es getan, die Deutschen wollten es nicht tun. Sie begriffen es nicht. Am Anfang hatte ich große Mühe, Serreau die Riesenfüße der Leiche in «Wie wird man ihn los» verständlich zu machen. Der Leichnam in «Wie wird man ihn los» wächst und wächst und nimmt vom ganzen Zimmer Besitz. Zuerst ist er im Nebenzimmer. In einem bestimmten Augenblick wird er so groß, daß er die Tür aufstößt; man sieht, wie die Füße erscheinen. Der Tote wächst wie Gewissensbisse vor den beiden Personen, die ihn getötet haben und sich im Schatten des Eßzimmers befinden. Ich wünschte Füße von anderthalb Meter. Serreau zögerte. Er ließ Füße von fünfundsiebzig Zentimeter machen. Er fand, das wäre gerade groß genug. Wir hatten Streit. Ich sagte zu ihm, fünfundsiebzig Zentimeter große Füße wären beinahe normal, das wirke wie «Grand Guignol»; damit die Erscheinung nicht «Grand Guignol», sondern phantastisch werde, müsse man weit über die normale Größe hinausgehen. Serreau wollte zwar dem Realismus ausweichen, aber er wagte nicht, frei über den Realismus hinauszugehen. Es schien ihm übertrieben, dem Leichnam anderthalb Meter große Füße zu geben. Zuletzt hat er es dann doch gemacht. Seither hat Serreau mehr als verstanden; als er meine Stücke wieder inszenierte, vor allem im Odéon, war seine Vorstellungskraft noch größer als meine. Bei «Wie wird man ihn los» im Odéon gelang es ihm tatsächlich, die Größenordnungen verschwinden zu lassen. Am Schluß, wo die Figur wegfliegt, gelang ihm ein außerordentliches Fest. Neben anderem hing eine Riesenlichtkugel am Schnürboden, drehte sich und sandte Lichtreflexe in den ganzen Zuschauerraum; es gab Sterne, visuelle Ereignisse aller Art, eine Sternenkirmes; diese Inszenierung Serreaus war verschwenderisch. Erinnert man sich noch daran?

Regisseure und Schauspieler mußten also einen neuen Spielstil finden, um Ihre Stücke zu spielen?

So ist es. «Die Kahle Sängerin» wurde zwar so, wie sie ist, auf die Bühne gebracht, und wenn auf der Bühne keine größere Gewalt, kein stärkeres Auseinanderbrechen der Personen stattfand, so lag das daran, daß die Schauspieler nicht alles wagten oder fühlten. Sie dachten, man könne im Theater nicht so weit gehen.

Ich hatte das Stück mit Regieanweisungen geschrieben oder mit Platzanweisungen, wenn Sie wollen. Man hätte eine bestimmte Form finden müssen, das Stück zu spielen. Schließlich fand man sie. Mindestens fand man eine außerordentlich interessante. Ich wollte am Schluß bis zur Explosion gehen, das war nicht möglich. Wie ich Ihnen schon sagte, sollte das Stück anderseits mein Staunen über die Welt ausdrükken. Die Personen sind vollkommen leer, ohne Gehalt, der Text auch. Zum Beispiel kommt es vor, daß Sie das Wort Pferd aussprechen oder hören. Sie verstehen den Ausdruck «Ich besteige mein Pferd». Es ist möglich, daß das Wort seinen Inhalt verliert, daß Sie nur noch den Klang vernehmen «Pferd, Pfe-e-erd, Pfe-e-erd». Manchmal ist es nicht nur der Ton, die ganze Realität verliert ihren Inhalt. Man steht vor Dingen, die sozusagen Erscheinungen, Ausdruck des Nichts sind, Gesichter und nichts dahinter. Das wollte ich mit diesem Stück ausdrücken. Die Aufführung hat daraus etwas anderes gemacht: eine Parodie des Theaters, eine Reihe von Gags, eine neue Art, Komik zu realisieren und so weiter.

Das Stück wird sehr gut inszeniert, die Arbeit der Schauspieler ist sehr interessant; es kommt trotz allem viel von dem zum Ausdruck, das ausgedrückt werden sollte. Diesen staunenden oder traumhaften Zustand angesichts einer Realität, die auseinanderfällt, die auseinandergeht, diesen Zustand, der die Grundlage für die Komik der Sprache bildete, habe ich später in anderen Stücken realisiert, in «Wie wird man ihn los» mit dem wachsenden Leichnam, den man sieht, den man nicht mehr sieht, der sich verflüchtigt; in «Opfer der Pflicht» mit der Bergbesteigung; im «Neuen Mieter» mit den Möbeln, die sich um eine Person aufhäufen, sie zudekken, bis sie zwischen den Schränken und Stühlen gleichsam begraben ist.

Sie verstehen sich also ganz gut mit Ihren Regisseuren?
Vor allem im Ausland gibt es Probleme. Hier arbeiten wir zusammen; wenn auch nicht alles so ist, wie ich es will, entsteht doch eine gewisse Verschmelzung von dem, was ich will, und dem, was die andern wollen. Da wir zusammen sind, wissen wir schließlich nicht mehr, was ich wollte und was die andern wollten; aus dieser Vereinigung ergibt sich etwas Interessantes.

Auf was für Probleme sind Sie zum Beispiel im Ausland gestoßen?
Als Peter Hall 1955 die «Unterrichtsstunde» in England inszenierte, gab es das neue englische Theater noch nicht. Ich glaube, wir haben den Anstoß dazu gegeben. Die englischen Autoren und Regisseure haben später etwas anderes gemacht, aber wären nicht erst Beckett, Adamov, Weingarten, Tardieu, Ghelderode und ich selbst gewesen, wären sie vielleicht nicht in Gang gekommen ...
Zum Beweis: Peter Hall, der 1955 noch ein junger Regisseur war — fünfundzwanzig Jahre alt —, verfügte über ein Theater, und er wollte etwas Neues machen. Er hatte schon ein Stück, das er avantgardistisch fand: «Ein Mädchenleben für Wind» (Une fille pour du vent) von André Obey. Er suchte noch eins. Er hatte von der «Unterrichtsstunde» gehört. Er las das Stück auf englisch; denn er konnte nicht Französisch. Und er sagte zu mir: «Ja, ich will das Stück inszenieren, aber wir brauchen einen andern Übersetzer; denn die Übersetzung ist schlecht, es ist unmöglich, daß Sie das so geschrieben haben, dieser Text ist vollkommen blödsinnig. Ihr Übersetzer hat ihn nicht verstanden.» Ich gab ihm zur Antwort: «Der Text ist blödsinnig, ich habe ihn absichtlich so gemacht.» Nun, er nahm das Stück trotzdem an. Er er-

klärte sich damit einverstanden, das Stück zu inszenieren, aber mit einer Änderung. Der Professor tötet vierzig Schülerinnen im Tag, und die einundvierzigste kommt. Er wird sie auch töten, und am nächsten Tag fängt er von vorn an. Peter Hall sagte, das wäre nicht möglich. Er war damit einverstanden, daß der Professor jeden Tag zwei Schülerinnen tötet, daß er sie in einen Sarg steckt, und daß sich niemand in der Stadt darüber wundert. Er war nicht damit einverstanden, daß er vierzig Schülerinnen im Tag tötet. Nach langem Hin und Her erklärte er sich einverstanden, daß der Professor vier Schülerinnen im Tag tötet. Vier waren möglich, vierzig waren nicht möglich.

Wegen der «Nashörner» erlebte ich etwas Ähnliches in Amerika. Der Regisseur nahm das Thema meines Stücks als ganz natürlich, wahrscheinlich an, es war ganz normal für ihn, daß ein Nashorn durch die Straße der Stadt spaziert, daß ein zweites Nashorn ebenfalls in Freiheit dort herumspaziert, daß sich jemand in ein Nashorn verwandelt, daß man von zehn Personen hört, sie hätten sich in Nashörner verwandelt, daß sich die ganze Stadt in Nashörner verwandelt. Nur etwas störte ihn. Er sagte zu mir: «Hören Sie, ich werde mit Ihrer Erlaubnis einen Satz in Ihr Stück einfügen. Und zwar darum: Behringer, der Held des Stückes, begibt sich zu Beginn des dritten Aktes zu seinem Freund Hans. Er klopft an die Tür, und Hans fragt: ‚Wer ist da?' Behringer antwortet: ‚Ich, Behringer!' Sie werden mir erlauben, einen Satz an den Schluß des zweiten Aktes zu setzen; denn dieser Auftritt ist nicht möglich. Man muß das irgendwie in Ordnung bringen.» «Was?» fragte ich ihn. «Es ist ganz einfach», sagte er zu mir. «Im Büro, wo sich Behringer befindet, ist ein Telephon. Am Schluß des zweiten Aktes nimmt er den Hörer ab, stellt eine Nummer ein und sagt: ‚Ich werde meinen Freund Hans anrufen, ich will wissen, ob er zu Hause ist.' Nachdem er gehört hat, daß es läutet, sagt er noch: ‚Er nimmt nicht ab, vielleicht ist sein Apparat abgestellt. Ich gehe trotzdem hin, ohne Anruf.'» Kurz, alles schien diesem Regisseur normal, sogar das Unwahrscheinliche, außer daß man einen Freund besucht, ohne ihn vorher anzurufen.

Er wollte irgendwie den Realismus, die Wahrscheinlichkeit retten. Das Phantastische muß sich zweifellos in die amerikanische Lebensweise einfügen.
Der Realismus ist schuld daran, daß die «Stühle» in Deutschland nie zu dem phantastischen Ballett wurden, das sie sein müssen. Das Stück wurde in Deutschland oft und mit Erfolg gespielt. Nach meiner Ansicht war die Inszenierung nie gelungen. Die Deutschen wollten auf keinen Fall fünfzig Stühle in aller Schnelligkeit auf die Bühne kommen lassen. Sie wollten auch, um es wahr zu machen, daß die Alte eine alte Frau war. Nun, das ging nie, weil sie richtige Gymnastik machen muß, ein richtiges Ballett mit den Stühlen.

Wie viele Stühle haben Sie bekommen?
Werner Düggelin, der Regisseur, hat mir zwölf Stühle zugestanden. Er erklärte, daß im Stück zuerst die unsichtbare Dame kommt — sie braucht also einen Stuhl —, dann der unsichtbare Oberst — er braucht einen zweiten Stuhl —, dann noch andere unsichtbare Personen, mit denen die beiden Alten sprechen, und die also Stühle brauchen. Dann strömen noch weitere Leute herein, aber es kommen keine Szenen mehr vor, in denen die Neuangekommenen vorgestellt werden. Deshalb wollte der Regisseur nicht über zwölf Stühle hinausgehen. Es ist aber wichtig in dem Stück, die Menge zu erschaffen. Fünfzig Stühle erwecken den Eindruck, daß noch viel mehr da sind, eine ungeheure und unsichtbare Menge. Mit zwölf Stühlen hat man nur das Drama von zwei verblödeten alten Leutchen, die glauben oder sich einbilden, sie empfangen ein paar Freunde, und das Stück ist nicht mehr, was es sein sollte, es verliert den Sinn.

Ja, das sind Enttäuschungen. Haben Sie von keinem Regisseur oder Schauspieler oder von keiner Aufführung etwas gelernt, etwas, das Ihnen bestimmte Möglichkeiten des Theaters offenbarte?

Doch, von Mauclair. Bei «Opfer der Pflicht» ist er mit sehr einfachen Mitteln weit über eine realistische Vorstellung hinausgegangen. In dem Stück kommt eine Person vor, die einen unsichtbaren Berg besteigt. Ich wußte nicht, wie man das darstellen sollte. Mauclair hat ein außerordentliches Mittel gefunden. In der Mitte der Bühne stand ein Tisch. Chauffard machte eine eingebildete Reise. Er mußte unter anderem durch einen Wald gehen. Er kroch unter dem Tisch durch, als er durch den Wald ging. Dann erhob er sich und hielt den Tisch fest; in diesem Augenblick war er am Fuß des Berges. Er kletterte auf den Tisch. Man stellte einen Stuhl auf den Tisch. Der Aufstieg wurde immer schwieriger; es gelang ihm, auf den Stuhl zu klettern. Er blieb dort eine Zeitlang sitzen, dann erhob er sich und stand aufrecht auf dem Stuhl; man hatte wirklich den Eindruck von einer Hochgebirgskletterei. Das war einer der seltenen Augenblicke, wo ich begriff, was Theater ist, was es sein soll: ein lebendiges, tatsächliches Erlebnis, nicht nur die Illustration eines Textes. Ich liebe das Theater und die Theaterstücke nicht allzusehr, und wenn ich Stücke lese, fühle ich kein Bedürfnis, ins Theater zu gehen, um die Aufführung zu sehen. Als ich aber sah, wie Chauffard auf den Tisch stieg und vom Tisch auf einen Stuhl, da war es wirklich ein Erlebnis, das ihm zuteil wurde, und das er den Zuschauer miterleben ließ. In dem Augenblick war es Theater; denn es war gleichzeitig echt und falsch.

Wenn ich jemanden sehe, der einen anderen tötet, und er tötet ihn wirklich, dann ist das eine schreckliche, eine dramatische Geste. Aber sie ist in ihrem eigenen Schrecken isoliert. Im Gegensatz dazu wissen wir sehr genau, daß die Kunst exemplarisch sein muß wie eine Sache, die eine andere Sache bedeutet. Bei Chauffard war es so, als ob man die Bedeutung miterlebte. Da erlebe ich einen wirklichen Theatermoment, den nicht ich erfunden hatte, sondern der von Mauclair verwirklicht worden war.

Kennen Sie andere Offenbarungen dieser Art?
Ein Kritiker, Morvan Lebesque, machte mir das Thema des Überwucherns in «Wie wird man ihn los» und in andern Stücken bewußt. Vorher behandelte ich das Thema halb unbewußt.

Was die Aufführungen angeht... Doch, Robert Postec inszenierte «Der König stirbt» in Brüssel mit großer Meisterschaft und viel Feingefühl. Ich glaube, ich sagte Ihnen schon, daß dieses Stück einen Bruch hat, einen Wechsel in der Tonart. In Paris bekam man es zu spüren; denn in einem bestimmten Augenblick brach es ab, gerade so lange, bis es wieder Atem geschöpft hatte. Wenn der König zu sterben bereit scheint, sagt er: «Und wenn ich beschließe, nicht zu sterben?» Da brachte Postec es fertig, das Stück von neuem anspringen zu lassen: Eine zweite Agonie setzt ein. In Paris langweilten sich die Zuschauer ein wenig, sie sagten: «Das hört ja nie auf.» Am liebsten hätten sie den König sofort beerdigt. Postec hat das sehr gut gelöst. Er begriff, daß es zwei musikalische Sätze, fast zwei Stücke sind. In dem Augenblick, wo der König zum Sterben bereit ist und alle um ihn herumstehen, die beiden Königinnen, der Arzt, die Wache, Juliette, und ihm zumurmeln: «Du wirst heimkehren» und so weiter, ist rings um den Thron kaum mehr Licht. Da sagt der König plötzlich: «Und wenn ich beschließe, nicht zu sterben?» Postec ließ ihn das nicht wie einen kraftlosen Sterbenden, der zögert, sagen, sondern mit viel Kraft, mit Gewalt, als ob der König sehr wohl entscheiden könnte, nicht zu sterben. Die ganze Bühne wurde wieder hell, die um den König versammelten Personen liefen auseinander und nahmen die gleichen Stellungen ein wie am Anfang des Stückes. So vermittelte Postec den Zuschauern den Eindruck, daß etwas ganz Neues anfing, eine neue Agonie, ein neuer Beginn, ein neues Stück. Man spürte keine Erschlaffung, keinen Rhythmuswechsel mehr; denn Postec hatte nicht versucht, den Bruch zu vertuschen, sondern ihn betont.

Ich komme auf das Unrealistische zurück. Was halten Sie für das beste Mittel, um auf der Bühne das Ungewöhnliche, das Phantastische wirksam zu machen? Die Darstellung des Schauspielers wie bei Mauclair und Chauffard in «Opfer der Pflicht»? Oder die Verwendung von Tricks, von Bühneneffekten wie bei Barrault in «Fußgänger der Luft»?

Man hat mir diese Bühneneffekte vorgeworfen. Warum sollte man sich die Theatermaschinerie nicht zunutze machen? Im siebzehnten und achtzehnten Jahrhundert gab es Stücke mit Bühneneffekten, man sah auffliegende Kutschen, vom Himmel herabschwebende Götter und so weiter. Auch Brecht hat die Technik für den «Guten Menschen von Sezuan» benutzt, ihm hat man keinen Vorwurf gemacht. Die Technik ist ein unterhaltendes, wenn auch billiges Mittel; ich sehe nicht ein, weshalb man darauf verzichten sollte. Es stimmt, Sylvain Dhomme und Mauclair haben für die «Stühle», Mauclair für «Opfer der Pflicht» eine Phantastik ohne Technik, eine innere Phantastik geschaffen.

Ihre Theaterstücke entstammen im wesentlichen einer Trauminspiration. Diese Inspiration setzt Bilder voraus, die zum Teil sehr komplex, sehr spektakulär sein können. Ist die Theatermaschinerie nicht manchmal nötig, um diese Bilder auf die Bühne zu übertragen, sie dem Zuschauer faßbar zu machen?

Manchmal ist die Technik nützlich, vielleicht sogar unumgänglich, manchmal nicht. Mit den technischen Mitteln erzeugt man nicht den Traum, sondern Phantastik oder Humor. In diesem Fall interessiert die Leute der Versuch. Als Jean-Louis Barrault als «Fußgänger der Luft» wegflog, lachten die Zuschauer; denn sie wußten, daß ein Trick dahinter stak. Sie wußten nicht, was für ein Trick; denn die Maschinerie war sehr gut versteckt. Um den Traum zu erzeugen, bedarf es viel einfacherer Mittel, auch wenn man nicht immer weiß, worin sie bestehen. Ich glaube, daß die Schauspieler ganz natürlich spielen müssen, und daß irgend etwas dasein muß, das eine besondere Atmosphäre gibt, ein Ding, dessen Vorhandensein Angst oder die Veranschaulichung der Angst erzeugt, wie in «Die Reichsgründer oder Das Schmürz» von Boris Vian. Genauso in einem Stück von Weingarten: Drei realistische Personen quälen sich gegenseitig aus Geldgründen. In diesen Szenen, in denen die Darsteller ganz natürlich sprechen, befindet sich irgendwo auf der Bühne ein schwarzer Vogel. Die Anwesenheit dieses Totenvogels versetzt das Stück in eine andere Tonart, in eine wahre Traumatmosphäre. Man hat übrigens festgestellt, daß die Träume realistisch sind. Früher wollte man Traumatmosphäre auf der Bühne durch Tüll und unwahrscheinliche, gespensterhafte Personen schaffen ...

In der Tradition Maeterlincks und des Symbolismus.
Ja, aber die Menschen, die träumen, wissen nicht, daß sie träumen.

Und der schwarze Vogel in Weingartens Stück zeigt den Traum, die Ablösung von der Wirklichkeit an. Auf der Bühne kann dieses Zeichen irgendwo in einem Winkel versteckt sein.
Ein unerklärliches Ding ist notwendig. Mit «Fußgänger der Luft» wollte ich kein Traumstück schreiben, keinen Angstzustand übertragen (die Angst drückt ja den Traum am besten aus). Hier handelte es sich wirklich um ein Spiel, ein klares Spiel, daher die Benutzung technischer Mittel. Es gab nur ein paar dramatische Albtraumszenen: Josephines Träume.

Wann, denken Sie, läuft der Autor größere Gefahr, verraten zu werden, wenn er ein Traumstück macht, das sehr einfache, symbolische Zeichen verlangt, die notfalls nur durch eine Geste Gestalt gewinnen; oder wenn er ein phantastisches Stück schreibt, das technische Hilfsmittel verlangt?
Bei der Technik ist man ruhiger. Die Probleme sind ein-

facher. Die Technik muß klappen, das ist alles. Es ist viel schwieriger, eine unwirkliche oder surrealistische Atmosphäre tiefer Angst oder des Traumhaften zu schaffen. Dazu bedarf es eines ausgeprägten Feingefühls; denn es hängt von so wenig ab, von einer Bewegung, von irgendeinem banalen und gleichzeitig fremdartigen Gegenstand.

Ich denke an die Maske mit den drei Nasen, Robertas Gesicht in «Jakob oder Der Gehorsam». Ist sie der beunruhigende Gegenstand, das Traumsymbol? Verkörpert sie das Überwuchern? Vermehren sich die Nasen wie sonst die Tassen oder die Stühle? Oder ist es einfach eine Theatermaske, das ursprünglichste Zubehör der Bühnenmaschinerie?

Es ist tatsächlich eine Maske. Man hat vielleicht nicht richtig gesucht, aber man hat noch keine Schauspielerin mit drei Nasen gefunden. Ich habe dabei an mesopotamische Ackerbaugöttinnen gedacht, die die Erde, also die Fruchtbarkeit, das Geschlechtliche symbolisieren. Das Traumhafte steckt vor allem in Robertas Text und in Jakobs Verhalten, der anfängt, um die Braut mit den drei Nasen herumzulaufen, und zum Pferd wird, sich in einen Hengst verwandelt.

Da haben wir ein anderes Problem: die Verwandlung. Jakob verwandelt sich in ein Pferd. Alle Personen in den «Nashörnern» außer Behringer verwandeln sich in Nashörner. Wie fassen Sie, die Regisseure und die Schauspieler diese Verwandlung auf? Sind dabei Probleme entstanden?

Man kann die Verwandlung auf verschiedene Weise verstehen. Barrault und auch die Deutschen ließen Nashörner erscheinen. Ich habe diesen einfachen Theatertrick angegeben: Die zu verwandelnde Person geht ins Nebenzimmer. Sie geht vom Zimmer ins Badezimmer, geht ab, tritt wieder auf und hat ein Horn. Da es Morgen ist und die Person Toilette machen muß, geht sie zwischen Bühne (Zimmer) und Kulisse (Badezimmer) hin und her, und wenn sie wiederkommt, ist das Horn jedesmal größer, die Haut grüner und so weiter. Das sind technische Mittel. Andere Regisseure in der Schweiz, in Amerika und Rumänien verwendeten keine Masken und keine Requisiten. Ihnen war eine innere Verwandlung lieber. Das ist schwieriger, aber wenn die eher «moralische» Verwandlung gelingt, wird es beängstigend. Es ist seltsam, wenn man keine Requisiten verwendet, wird das Stück dunkler, tragischer; wenn man sie verwendet, ist es komisch, die Zuschauer lachen. Barrault hat sich für die Komik entschieden; denn seiner Ansicht nach sind in Frankreich die tragischsten Stücke die komischsten; er führt Molières «Tartüff», «Menschenfeind», «Geizigen» an. Auf die Weise vermag man das Tragische zu fassen und zu überwinden.

Mir scheint es, daß es den Rumänen gelungen ist, den Übergang vom Menschen zum Tier ohne Requisiten sichtbar zu machen. Der Mechanismus der Kollektivpsychose wurde vollkommen klargemacht. Bei Barrault blieb es mehr an der Oberfläche, es war hübscher und gefälliger.
Ja, aber Barraults Lösung erlaubte eine Entwicklung. Mit dem Auftauchen der ersten Nashörner fing es komisch an; dann, als sich Botard und andere Personen verwandelten, sah man die Umwandlung nicht mehr, man stellte sie sich vor, und das wirkte beängstigend. Ich glaube, das Stück würde ohne den komischen Anfang leicht hart, unerträglich. Barrault hatte vielleicht Angst — vor seinem Publikum.

Hat Ihnen ein Schauspieler neue Seiten einer Figur offenbart?
Unter anderem ein Schweizer, der in Lausanne die «Unterrichtsstunde» spielte. Er war ein kleines, phlegmatisches, etwas gebeugtes Männchen. Seine Partnerin, die Schülerin, war ein schönes, kerngesundes Mädchen. Die Inszenierung war sehr interessant. Die Scheinwerfer warfen die Schatten

der beiden Personen auf die Wand, das gab einen starken Eindruck. Vor allem als sich die Lage umkehrte: Das gesunde Mädchen wurde am Schluß von dem Professor, dieser Spinne, ausgesogen. Das war mehr als eine Vergewaltigung, das war Vampirismus.

Und Sie dachten nicht an Vampirismus, als Sie das Stück schrieben?
Nein. Ich mußte es dort sehen. Es war ganz klar. Im Verlaufe der Handlung verschlang er das Mädchen, er trank ihr Blut. Und während er immer stärker wurde, verlor sie das Leben, und am Schluß blieb von ihr nur ein Fetzen.

Was meinen Sie, können solche Offenbarungen, ob sie nun von einem Regisseur oder von einem Schauspieler stammen, für einen Autor nützlich sein?
Ja, doch. Sie zwingen mich zu einem Widerruf. Sie verstehen, keine Behauptung ist absolut.

CLAUDE BONNEFOY: *Bei den meisten Ihrer Stücke, Eugène Ionesco, ist der Bau sehr wichtig. Darüber hinaus nimmt er von Stück zu Stück die verschiedenartigsten Formen an, die sich manchmal innerhalb desselben Stücks miteinander verbinden: Dialogtechnik, Verhaltensautomatik, Überwuchern der Dinge, Beschleunigung oder Auseinanderbrechen der Handlung. Aber das ist nicht alles. Die Art, wie Sie diese dramaturgische Technik einsetzen, stellt einen Bruch mit der überlieferten Form des Dramas dar. Im klassischen Drama gibt es zwei Formen: den tragischen Aufbau, er entspricht der Schicksalsfügung, die den Helden zum Tod führt; den komischen Aufbau, der in der Wiederholung von Sätzen oder Situationen besteht, in der schlagartig zu entwirrenden Verwicklung der Intrige — eine Parallele zur dramatischen Spannung — und in der Beschleunigung der Aktion. Im allgemeinen steht aber diese Technik außerhalb der Personen, sie ist ein Räderwerk, dem die Personen nicht entrinnen können. Auf der einen Seite haben wir das Schicksal, auf der andern das Beinstellen, das den Komiker hinfallen läßt. Im Gegensatz dazu geht bei Ihnen der Bau vom Komischen, vom Burlesken aus, er entsteht scheinbar aus dem Verhalten der Personen selbst, wird größer und größer, und plötzlich, durch seine Überspanntheit oder sein Auseinanderbrechen, wird er tragisch. Das schönste Beispiel für den Umschlag vom Komischen zum Tragischen finden wir im Drehbuch «Der Zorn», das Sie für Sylvain Dhomme geschrieben haben. Welche Bedeutung messen Sie diesem Bau und dem Umschlag vom Komischen ins Tragische zu?*

EUGÈNE IONESCO: Sie machen mir verschiedene Dinge klar. Ich stelle fest, daß es sich dabei nicht um ein Rezept oder eine Methode handelt. Es ist eine Lebensweise. Am Anfang steht das «dem Lebendigen aufgepflanzte Mechanische».

97

Das ist komisch. Aber wenn es immer mechanischer und immer weniger lebendig ist, wird es erstickend, tragisch; denn wir haben den Eindruck, daß die Welt unserem Geist davonläuft.

Ich hatte dieses beängstigende Gefühl — wie ich Ihnen schon sagte — bei der Lektüre von Feydeaus Stücken. Diesen beängstigenden Eindruck, daß die Welt uns davonläuft, muß auch der Zauberlehrling haben. Vielleicht ist es auch ein Bild für das, was uns die nächste Zukunft bringen wird. Heute sind wir nicht mehr Herr über die außerordentlichen technischen Mittel, die wir losgelassen haben. Unser Planet kann in die Luft gehen . . . scheint es.

Liegt die Tragik nicht gerade in der Logik dieses Auseinanderbrechens, ähnlich wie die Überlegungen von Geisteskranken, die zwar streng logisch sind, aber von einer falschen Grundlage ausgehen, was den Bruch mit der Wirklichkeit anzeigt?

Ich habe den Eindruck, daß die Welt selbst wie eine Maschine in Unordnung geraten kann. Im «Zorn» wird die Welt verrückt, wird von unseren Leidenschaften fortgerissen und explodiert. Es ist ein Mechanismus der Leidenschaften, der über das Ziel hinausgeht. Zum Beispiel, die Leute streiken, revoltieren, machen Revolutionen, um ganz bestimmte Ergebnisse zu erreichen. In ihrer Begeisterung gehen sie über das Ziel hinaus und errichten schließlich die Tyrannei, führen die dogmatische Stupidität, den organisierten Massenmord ein. Man hat den Eindruck, in einem bestimmten Augenblick verlieren sie die Kontrolle über sich selbst, sie werden ver-rückt. Und was gut werden sollte, wird schlecht. Die Revolution wird Rückschritt; die Befreiung Entmenschlichung; die Regierung verhaßter Machtmißbrauch; die Gerechtigkeit wilder Sadismus und so weiter.

Im «Zorn» beginnt das Auseinanderbrechen ganz banal mit verschiedenen Vorkommnissen des Alltagslebens, die das

*gute Verhältnis zwischen den Ehegatten, den Freunden
stören . . .*

Ja, und um ein kleines Mißverständnis wegen einer Nichtigkeit kristallisieren sich alle möglichen schrecklichen Dinge
ohne Sinn und Verstand, der ganze Mechanismus des Hasses.

*Man findet in Ihren Theaterstücken interessanterweise die-
sen Mechanismus unter den verschiedensten Erscheinungs-
formen, so daß man ihn nicht immer gleich erkennt.*

Wo findet man ihn? Ich muß selbst suchen. Zuerst in der
«Kahlen Sängerin». In einem bestimmten Augenblick gibt
es einen Auslöser, der das Gespräch entgleisen und alles sich
zum Schlimmen weiterentwickeln läßt. In den «Stühlen» ist
es die Beschleunigung, das Ballett der Stühle, die Semiramis
immer schneller auf die Bühne schafft. In «Wie wird man
ihn los» ist es wieder die Beschleunigung mit dem Leichnam,
der einer geometrischen Progression entsprechend immer
größer wird. Im «Neuen Mieter» bringen die Träger die
Möbel immer schneller herein, die schließlich die Personen
ersticken.

*Hier kann man eine Verwandtschaft zwischen dem Über-
borden im «Neuen Mieter» und dem Versinken in «Opfer
der Pflicht» feststellen. Als gemeinsame Wurzel würde man
zweifellos die Zwangsvorstellung vom Bruch mit der Welt
finden, die Vorstellung von einer Welt, in der der Mensch
ununterbrochen von der Natur, von den Gegenständen, von
seiner eigenen Sprache, kurz, von unkontrollierbaren Mechanismen, die er meist selbst auslöst, angegriffen wird.*

In der «Unterrichtsstunde» überwuchern die Worte.

Die Worte und die Morde.

Und die Morde, das stimmt. In den «Nashörnern» ist es das
Überwuchern der Dickhäuter. Und ein Mensch, Behringer,
wird eingekesselt, bestürmt. Er bleibt allein mitten unter den
Nashörnern, wie der «Neue Mieter» in einer überfüllten und

feindlichen Welt allein bleibt. Im Grunde ist es dasselbe. Hinter dem sichtbaren Thema, hinter den offenbaren Beziehungen zur Soziologie oder zur Psychologie gibt es weniger offenbare Beziehungen zur Psychologie.

In den «Nashörnern» zum Beispiel das Drama der Einsamkeit, der Individualität, des mit dem Gesellschaftsmechanismus konfrontierten Bewußtseins.
Ich soll wohl versuchen, eine Antwort darauf zu finden, welchem Angstzustand das entspricht, woher diese Furcht kommt? Ist es die Furcht davor, daß unkontrollierbare Kräfte die Oberhand gewinnen, daß alles in einem bestimmten Moment in die Luft geht? Ist es die Vorahnung des Irrsinns?

Könnte der Mechanismus nicht einem Traumautomatismus entsprungen sein?
Ich glaube nicht. Die Unlogik des Traumes — die eine andere Logik verbirgt — ist ganz verschieden von der Unlogik des in Unordnung geratenen Mechanismus, die, wie Sie vorhin sagten, keine eigentliche Unlogik, sondern eine bis zum äußersten Punkt vorgetriebene Logik ist.

In «Argumente und Argumente» sprechen Sie im Zusammenhang mit der «Kahlen Sängerin» von einem «Versuch, den Mechanismus des Theaters zu verselbständigen».
Dieses Werk hat nichts mit dem Traum zu tun. Die Bildassoziationen, die Bewegungen des Traumes sind ganz anders. Im Traum gibt es keine strenge Entwicklung. Man gleitet von einem Bild zum andern, die Assoziationen folgen einander frei. Von außen gesehen, sind sie weniger geordnet; in Wirklichkeit folgen sie sicher einer bestimmten Bewegung der Seele, des Seins. Der Traum ist natürlich, er ist nicht verrückt. Die Logik läuft Gefahr, ver-rückt zu werden; der Traum als Ausdruck des Lebens in seiner ganzen Komplexität und seiner Unlogik kann gar nicht verrückt sein. Die Logik, ja. Die ideologische Systematologie, die das Relative

zum Absoluten erhebt, die aus der Subjektivität eine objektive Wirklichkeit machen will.

Deshalb haben Sie einen Logiker in den «Nashörnern», einen Logiker, der schnell in der allgemeinen Verrücktheit untergeht.
Die Logik liegt tatsächlich außerhalb des Lebens. In der Logik, in der Dialektik, in den Systematisierungen sind alle Mechanismen enthalten, sind alle Verrücktheiten möglich; die Systematisierungen verlieren, wie man weiß, die Verbindung mit der Wirklichkeit.

In Ihren Stücken ist die künstlerische Technik dramatisch und gleichzeitig undramatisch, scheint mir, und zwar insofern, als Sie durch das Drama und die Dramaturgie Mechanismen erhellen, die nicht — wie beim Boulevardtheater — fiktiv sind, sondern reale Mechanismen, Mechanismen des Verhaltens, der Sprache und so weiter.
Es gibt einen Mechanismus des Verhaltens, eine Leblosigkeit, also eine Gedankenlosigkeit, es gibt einen Sprachmechanismus ...

Daher die Ablehnung der Psychologie, zumindest im Sinne der Literaturprofessoren, die in einigen Ihrer Stücke deutlich wird.
Daher kommt vielleicht das Lächerliche der Personen und ihre Verrücktheit. Verrücktsein ist Absonderung des eigenen Ichs, fehlende Übereinstimmung mit der Wirklichkeit. Es gibt Menschen, die träumen, andere können nicht träumen. Diejenigen, die nicht träumen, sind verrückt; denn sie träumen auch, sie träumen im Wachsein, wo man nicht träumen darf.

Ich habe den Eindruck, daß alle Ihre Theaterstücke auf einem einzigartigen Gegensatz aufgebaut sind, einem Gegensatz, der sich vielleicht nicht immer innerhalb eines Stückes feststellen läßt, der aber ganz deutlich wird, wenn man Ihr ganzes Werk betrachtet. Auf der einen Seite haben Sie den Mechanismus, das Nicht-Psychologische, all die Verhaltensautomatik, das Auseinanderbrechen der Sprache. Auf der andern Seite haben Sie die Tiefenpsychologie, den Traum, die Angst, die Zwangsvorstellung. Und man kann sich fragen, ob das Interesse für den Mechanismus nicht daher rührt, daß Sie vom Traum, vom Innenleben zutiefst bestimmt sind. Der Mechanismus mit der ganzen beunruhigenden Faszination wäre die Bedrohung des Innenlebens, genauso wie der Lebensrhythmus oder die durch die Gesellschaft aufgezwungenen Begriffe die Spontaneität zerstören oder eindämmen.

Sie haben meine Absichten viel besser beschrieben, als ich es jemals könnte. Auf der Bühne ist dieser Gegensatz das Komische und das Tragische.

Warum haben Sie, obwohl Sie dem Traum, dem Leben und damit dem Tragischen so große Bedeutung beimessen, als erstes Stück die «Kahle Sängerin» geschrieben, wo, mindestens dem Anschein nach, das Mechanische und die Komik vorherrschen?

Weil mir gerade das mechanische Theater entgegengesetzt war. So humoristisch ist übrigens das Komische in der «Kahlen Sängerin» gar nicht. Komik für die andern. Im Grunde ist es Ausdruck eines Angstzustandes. Und das Komische ist der Beginn des Tragischen, nicht wahr? Für die Komik muß man die Bewegung beschleunigen, für die Tragik muß man sie verlangsamen.

Sie haben mit dem begonnen, was Ihnen entgegengesetzt ist. Ihre wahre Persönlichkeit hat sich also erst in den nächsten Stücken offenbart?

In den ersten Stücken deckte ich die Karten nicht auf. Oder dann war es eine Bloßstellung des Mechanismus: Der Rationalismus führt zur Unvernunft. Ein Mensch, dessen Geist durch die Träume genährt wird, kann vielleicht die Archetypen finden, auf alle Fälle ist er nicht in Klischees befangen. Der Archetyp ist nicht stereotyp.

Im Zusammenhang mit Ihren Theaterstücken, vor allem mit dem ersten, hat man viel von der Unmöglichkeit, sich zu verständigen, gesprochen. Man behauptete, daß Ihre Personen sich wohl zu verstehen versuchen, aber es nicht schaffen; daß sie nicht aufnehmen, was ihnen die andern zu sagen haben; daß sie schließlich ins Leere sprechen. Nun haben Sie mir gesagt, daß es bei der «Kahlen Sängerin» nicht um die Verständigungsmöglichkeit geht. Ich würde diese Frage gern genauer behandeln. Sind Ihre Dramen Stücke der Verständigungsunmöglichkeit oder nicht?

Ich glaube nicht. Man sprach vor einiger Zeit viel von der Kontaktarmut. Man sprach von der Vereinsamung, vom Absurden. Diese Worte waren um 1950 große Mode, wie um 1940 «Echtheit» und «Erlebnis». Was die Kontaktarmut betrifft, so glaube ich nicht daran. Man spricht auch viel von der Sprachkrise. Aber diese Krise ist immer gewollt, zum Beispiel von der Propaganda. Wenn Hitler sagt: «Die Tschechoslowaken werden mich angreifen, ich greife sie an, um mich zu verteidigen», dann stiftet er absichtlich Verwirrungen. Wenn man sagt: «Die Amerikaner haben Korea angegriffen», dann ist das falsch. Es waren die Chinesen. Man wird Ihnen erklären, daß die Amerikaner hätten angreifen können, daß sie nicht militärisch, wohl aber theoretisch angegriffen haben. Man muß nur das Wort «theoretisch» fallen lassen, und es ergibt sich die Feststellung: «Sie haben angegriffen.»

Ich setze mich hier nicht mit einer Idee auseinander noch mit der Wahl einer Partei, ich stelle fest, wie eine — gewollte — Verdrehung der Sprache zustandekommt.

Die Personen in meinen ersten Stücken wollen sich gar nicht verständigen, sie wünschen es nicht. Sie sind ohne jedes seelische Verhalten. Sie sind ganz einfach Mechanismen. Da sie Mechanismen sind, können sie sich nicht verständigen, auch mit sich selbst nicht. Sie denken nicht. Sie sind vom eigenen Ich abgesondert. Sie befinden sich in der Welt des Unpersönlichen, in der Welt des Kollektivismus. Sie leben in einer Kollektivwelt, die man nicht einzig und allein als kommunistische Kollektivgesellschaft erklären kann; denn auch die Welt des bürgerlichen Kapitalismus ist kollektivistisch. Kurz, die Personen meiner ersten Stücke sind Menschen, die Schlagwörter aussprechen, das erspart ihnen die Mühe des Denkens. Wenn ich an die absolute Kontaktlosigkeit glaubte, würde ich nicht schreiben. Ein Autor glaubt unbedingt an den Ausdruck.

Ich glaube, daß Verständigung möglich ist, es sei denn, man lehnt sie aus allen möglichen Gründen ab: aus Unehrlichkeit, Unaufmerksamkeit, politischer Leidenschaft, vorübergehender Begriffsstutzigkeit. Sie kann auch nicht entstehen, wenn die Grundbegriffe für gewisse Techniken, Disziplinen, Terminologien, für die Kultur fehlen. Das kann sich mit der «Kultivierung» verringern, verschwinden. Man muß zuerst die Begriffe klären. Das hat man uns im ersten Jahr in der Philosophie beigebracht. Heute beginnt man nicht mehr mit der Abklärung der Begriffe. Dazu kommt, daß die Ausdruckssysteme nicht immer der Verständigung dienen, sie dienen sehr oft dazu, einen Gedanken zu verschleiern. Die Ideologien sind im allgemeinen ein Alibi und verhehlen absichtlich etwas ganz anderes, als was sie laut sagen.

Man hat zwar behauptet, Ihre Theaterstücke seien Dramen der Kontaktlosigkeit, aber rührt das nicht daher, daß es damals um die Verständigung zwischen Publikum oder Kritik und Ihnen schlecht bestellt war?
Verständigung ist nicht unmöglich, aber manchmal ist sie schwierig. Die Leute nahmen sich bestimmt nicht die Mühe, das Theater zu verstehen, das einige von uns damals schaffen wollten. Und zwar weil sie an eine andere Wortsystematik gewöhnt waren. Dabei war es so einfach, was wir versuchten.

Sie waren nicht im selben Verständigungssystem.
Ja. Man hätte von Anfang an verstehen können, worum es ging, wenn man nur gewollt hätte. Die Theaterkritik — außer jenen, die ich nicht nenne, um ihre Bescheidenheit nicht zu verletzen — war und ist gewissermaßen eine Literaturkritik zweiter Ordnung. Seit dem letzten Jahrhundert ist sie der Literaturkritik, der Kunstkritik, dem philosophischen Denken unterlegen. Diese Unterlegenheit rührt vom journalistischen Impressionismus her, vom Umstand, daß die Zeitungskritik sich immer verpflichtet fühlt, witzig, geistreich zu sein . . . das ist das Gegenteil von Geist. Die Theaterkritik hat die Boulevardmentalität geerbt. Ein Boulevardstück war nichts Ernsthaftes, vor allem war es nichts Beängstigendes . . .

Wohingegen die Komik des Avantgardetheaters in den fünfziger Jahren grundsätzliche Probleme stellte.
Es versuchte, sie zu stellen. Die Lustspiele des sogenannten absurden Theaters — ich verwende dieses Wort, weil mir im Augenblick kein anderes in den Sinn kommt — sind etwas bedeutender, ernsthafter als die Boulevardstücke.

Man hat auch behauptet, daß Ihre Personen einsam, von der Welt abgeschnitten seien. Die Einsamkeit sei die Folge der Verständigungslosigkeit. Gibt es für Ihre Personen ein Drama der Einsamkeit?
Nein. Die Menschen haben ein tiefes Bedürfnis nach Einsamkeit, ich glaube, das sagte ich schon. Daran leidet ja die moderne Welt, an dem Fehlen der Einsamkeit. Welcher Mangel an Komfort macht sich denn in einigen sozialistischen, an Wohnungsnot leidenden Ländern am meisten bemerkbar? Daß mehrere Personen dieselbe Wohnung teilen müssen. Das gibt zu Krisen Anlaß, zu Denunziationen. Nehmen wir ein Alltagsbeispiel. Sie steigen bei der zweiten Haltestelle in den Autobus. Der Platz neben dem Fahrer ist schon besetzt. Warum? Weil der Sitz nur für eine Person

ist. Jeder will allein sein, deshalb ist jeder auf diesen Einzel-
platz erpicht. In der Untergrundbahn ist es genauso. Was
sucht ein Mensch, der arbeitet? Einen stillen Winkel. Die
Einsamkeit ist ein Bedürfnis, und jeder flieht den andern.
Schon Dostojewski sagte, wenn man drei Tage lang mit
einem Menschen, den man liebt, zusammenlebt, dann ist er
nach drei Tagen zu dem Menschen geworden, den man am
meisten haßt.
Es gibt die Einsamkeit in der Gemeinschaft. Die ist schlecht.
Die richtige Einsamkeit ist weniger Absonderung als Sammlung. In der Einsamkeit bin ich wirklich mit mir in Einklang
und mit den andern, die dann nicht lästig sind, deren Anwesenheit geläutert ist, deren Anwesenheit nur noch geistig
ist; hingegen ist es etwas vom peinlichsten, wenn Menschen
beisammen sind, weil sie beisammen sein müssen. Jedermann
haßt es, einer genormten Schar anzugehören, in einem
Schlafsaal zu schlafen oder in einer Gruppe zu arbeiten. In
dieser Lage haben die Menschen keinen Kontakt mehr; denn
Kameradschaft ist keine Freundschaft. Sie ist sogar das Gegenteil: Beengung, Entfremdung. Die Entfremdung in den
stalinistischen Staaten ist tausendmal schlimmer als die bürgerliche Entfremdung.

Die Einsamkeit ist aber nicht dramatisch.
Die Einsamkeit der Massen ist dramatisch, die Vermischung,
das dauernde äußerliche Zusammensein mit den andern. Das
Arm-an-Arm.

*Das Arm-an-Arm wäre also die Umkehrung der wahren Ge-
fühls- oder Geistesverständigung.*
Ja. Eugenio d'Ors sagt, die Menschheit sei für ihn eine Art
Senat, in dem Kant Plato antwortet, wo Marx mit Hegel dis-
kutiert, wo Dante Vergil irgend etwas vorwirft und so weiter.
Diese wirkliche Gesellschaft, diese ideale freundschaftliche
Vereinigung ist nur möglich, wo es Einsamkeit und Samm-
lung gibt.

Aber der Dialog, den sich Eugenio d'Ors vorstellt, bleibt im
wesentlichen — auch wenn man von jedem Gleichnis ab-
sieht — auf Kultur und Philosophie beschränkt. Hat dieser
Vergleich außerhalb des Kulturellen für das Leben Gültig-
keit?

Damit man das Leben leben kann, muß es geradezu mit
Einsamkeit durchtränkt sein. Jeder braucht einen persönlichen Lebensraum. Alle diese Dinge sind ganz einfach, ich
wiederhole sie nur, um festzustellen, daß ich die Einsamkeit
nie bedauert habe. Im Gegenteil, sie ist notwendig, und gerade meine Personen verstehen es nicht, einsam zu sein.
Sammlung und Meditation fehlen ihnen. Das ist ein Mangel,
eine Leere. So sind in einigen meiner Stücke die Personen
immer beieinander und schwatzen. Sie machen Lärm, weil
sie die Bedeutung, den Wert der Einsamkeit vergessen haben.
Deshalb sind sie allein, in einem ganz andern Sinne. Auch
im «Fußgänger der Luft» ist Lärm, Leute reden, sagen irgend etwas, obschon sie von sich selbst und von den andern
getrennt sind. Auch in «Mörder ohne Bezahlung» findet man
Szenen, in denen die Menschen beieinander sind, sich ganz
unpersönlich anschauen und reden. Sehen Sie sich die Massen an, sie sind entpersönlicht, es gibt keine «Gesichter». Die
Menschen haben kein Gesicht, wenn sie eine zu große Gruppe bilden, oder aber sie nehmen das ungeheuerliche Kollek-
tivgesicht an. Das Gesicht des Zorns, der Zerstörung, dieses
Gesicht ist teuflisch. In der uniformen oder ungeformten
Masse haben alle dasselbe Gesicht.

Im Grunde illustrieren Sie Kierkegaards Satz: «Die schlimm-
ste Schweigsamkeit ist nicht das Schweigen, sondern das Re-
den.» In Ihrem Werk findet sich eine Einsamkeit, die mir
außerordentlich interessant scheint: Behringers Einsamkeit
am Schluß der «Nashörner»; er bleibt als einziger Mensch
unter den Ungeheuern, das einzige klare Bewußtsein unter
den verrückten Wesen. Was bedeutet für Sie diese Einsam-
keit?

Behringer befindet sich allein in einer entmenschlichten Welt, in der alle Individuen den andern gleich sein wollten. Weil sie gleich sein wollten wie die andern, sind sie unmenschlich geworden oder unpersönlich, was aufs selbe hinausläuft. Vielleicht ist da noch etwas anderes. Diese Leute haben auf ihre Menschlichkeit verzichtet, das heißt sie haben auf ihr Eigenleben verzichtet, auf ihre Persönlichkeit; vielleicht finden sie in diesem Verzicht eine gewisse Befriedigung, ein tierisches Glück.

Es ist sehr seltsam. Dieses Stück über die Einsamkeit, über den Individualismus wurde überall gespielt. Es hatte mehr Erfolg als irgendein anderes meiner Stücke. Da hieß es: «Die Massen lieben dieses Stück. Steckt darin nicht eine widersprüchliche Verirrung?» Darauf gebe ich zur Antwort: «Nein.» Ich glaube, man liebte dieses Stück überall auf der Welt, weil alle Länder auf der Welt, im Osten wie im Westen, mehr oder weniger kollektiviert sind. Ich habe mehr oder weniger unbewußt den Finger auf ein schreckliches Problem gelegt: die Entpersönlichung. Denn in jeder modernen Gesellschaft sehnen sich die kollektivierten Individuen nach der Einsamkeit, nach einem persönlichen Leben. Das Stück hat in allen Zuschauern den Behringer geweckt, der in jedem von uns schläft. Das hat Jean-Louis Barrault zu mir gesagt. Wer eine Seele hat, gleicht den andern nicht.

Behringer ist auf bestimmte Weise die Verkörperung des einsamen Menschen von heute, soweit er ...

... ein Mensch ist, der seine Einsamkeit annehmen will, der versucht, nicht abzudanken, der der «Nashörnerkrankheit» widersteht. Jede Seele ist einmalig, keiner «ist» der andere, jeder soll «mit» dem andern sein.

Ist nicht der einsame Mensch am meisten um die Würde der andern besorgt?

Ich denke, ja. Da er um die eigene Würde besorgt ist, ist er auch um die Würde der andern besorgt; denn er will das retten, was den Menschen ausmacht, seine Einmaligkeit. «Keiner ist ersetzbar.» So findet er in der Einsamkeit die Freundschaft, die freundschaftliche Gesellschaft, und nicht die Masse, die Herde.

Vor dreizehn Jahren wählten die Kritiker den Ausdruck «absurdes Theater», um das neue Theater zu bezeichnen. Martin Esslin hat unter diesem Titel Essays über so verschiedenartige Autoren wie Beckett, Adamov, Tardieu, Genet, Albee, Günter Grass und Sie vereinigt. Fühlen Sie sich mit all diesen Autoren verwandt, oder finden Sie sich verschieden?

Ich hoffe, wir sind alle verschieden. Ich glaube auch, daß wir uns ähnlich sind und daß man zu den sogenannten absurden Dramatikern auch die größten zählen kann: Shakespeare, Sophokles, Äschylos, Tschechow, Pirandello, O'Neill, alle Dramatiker der Welt, die großen und die kleinen. Das Absurde ist ein sehr ungenauer Begriff. Das Absurde ist vielleicht die Unbegreiflichkeit einer Sache, der Weltgesetze; es entsteht aus dem Konflikt zwischen meinem Willen und dem Weltwillen; es entsteht aus dem Konflikt zwischen mir und meinem Ich, zwischen meinen verschiedenen Willensäußerungen, meinen widersprüchlichen Antrieben: Ich will leben, und ich will sterben; oder vielmehr, ich trage in mir «ein dem Tod Zugewandtes» und «ein dem Leben Zugewandtes»; «Eros» und «Thanatos»; Liebe und Haß, Liebe und Zerstörung, das ist ein sehr wichtiger Gegensatz, nicht wahr, um den Eindruck des Absurden hervorzurufen. Wie kann man von da aus eine Logik oder wenigstens eine «dialektische» Logik aufbauen?

Da fällt mir ein — Sie sagten, absurd sei ebenso ein Modewort wie Kontaktarmut. Verrät ein Modewort nicht irgendwie die wichtigsten Anliegen einer Epoche, und strahlen die Schriftsteller nicht bewußt oder unbewußt diese Anliegen aus?

Wenn eine Sache, eine Idee Mode ist, dann ist sie einerseits bereits Wiederholung, ein seines Inhalts, seiner Wahrheit, seiner Entdeckung beraubtes Klischee. Anderseits ist jedes Werk natürlich in der Zeit verhaftet. Und wenn es nicht seine Zeit ausdrückt, die Angst seiner Zeit, die Probleme oder einen Teil der Zeitprobleme, ist es schlecht. Es ist schlecht, weil es unwesentlich ist, weil es keine historische Wirklichkeit, das heißt keine lebendige Realität hat. Einverstanden, einverstanden. Jedes gültige Werk ist aber auch ein Originalwerk, das etwas Neues, bisher Unbekanntes bringt. Jede Literaturgeschichte ist die Geschichte ihrer Ausdrucksweise. Die im Werk dargestellten Personen sollten nicht allzu eng mit ihrer Zeit verbunden sein, sonst ist ihr menschlicher Ausdruck ungenügend, beschränkt. Darum befindet sich ein literarisch hochstehendes Werk am Schnittpunkt von Zeit und Ewigkeit, am Idealpunkt der Welt.

Nehmen Sie die Themen von Becketts oder Adamovs Theaterstücken, die die absurde Lage des Menschen ausdrücken: Der Mensch muß sterben; der Mensch hat Grenzen; der Mensch nimmt sein Schicksal nicht an, und doch hat er ein Schicksal; was bedeutet dieses Schicksal? Welchen Sinn hat die Tatsache, daß der Mensch seinem Schicksal keinen Sinn verleihen kann und so weiter ... Diese Themen, diese Probleme sind nicht ausschließlich von heute; sie sind durch verschiedene heutige Situationen und Ereignisse klarer, erkennbarer geworden. Man trifft diese Themen in allen sogenannten Krisenzeiten. Allerdings sind alle Zeiten mehr oder weniger Krisenzeiten; denn alles ist Krise. So finden wir diese Themen in der ganzen Kunstgeschichte. Wir finden sie in der ganzen Geschichte des Dramas. Bei den Griechen zum Beispiel, wo es ein Schicksal gibt, den Kampf des Menschen mit seinem Schicksal, da ist die unmittelbare Erkenntnis des Absurden, die Klarstellung des Absurden. Anderseits habe ich schon mehrmals gesagt, daß Beckett mich an Hiob erinnert. Es gibt also eine bestimmte Beständigkeit. Die Menschen fühlen seit zweitausend Jahren in gewissen Augenblicken diese Wahrheit des Absurden, wenn man so sagen darf, und sie stellen die Fragen nach dem Wesentlichen. Kommen wir auf das heutige absurde Theater zurück. Der Unterschied zum Boulevardtheater besteht darin, daß es die Fragen nach der Lage des Menschen und nach den letzten Dingen nicht stellt, Becketts Theaterstücke aber nur aus diesen Fragen bestehen.

Standen Beckett, Adamov und Sie selbst unter dem Einfluß der Philosophie des Absurden, deren Hauptvertreter in Frankreich nach dem Kriege Sartre und Camus waren? Was meinen Sie?

Der Begriff des Absurden lag vor allem über der ganzen Epoche, das heißt die Epoche gab uns die Möglichkeit, uns gewisser Tatsachen, die nicht nur Tatsachen der Epoche sind, klar bewußt zu werden. Wir — wie alle andern auch — standen sicher unter dem Einfluß gewisser Bücher; es würde mir schwerfallen, sie namentlich aufzuzählen. Wir stehen immer unter dem Einfluß dessen, was wir erleben, was wir sehen, was wir lesen — und die Autoren, die wir lesen, stehen ebenfalls unter dem Einfluß ihrer Epoche und dessen, was sie gelesen, gesehen und erlebt haben.

Es ist doch seltsam, daß Autoren wie Sartre und Camus, die das Absurde als Philosophie behandelt haben, für das Drama Anleihen bei den antiken Mythen oder der alten Geschichte machten, Elektra und Caligula — eine Bestätigung dessen, was Sie eben sagten —, und daß sie anderseits in den Grenzen einer überlieferten dramatischen Ästhetik blieben! So interessant ihre Stücke auch sein mögen, sie scheinen eher aus der Zeit Sardous zu stammen, nicht aus der Zeit Brechts oder Becketts und Ionescos. Im Gegensatz dazu scheint mir, daß Beckett, Adamov und Sie weniger von einer philosophischen Überlegung oder einer Rückkehr zu den antiken Quellen ausgegangen sind, sondern vom eigenen Erleben und vom Verlangen nach einem neuen dramatischen Ausdruck, der die Darstellung dieses Erlebens in seiner ganzen Schärfe und

*Aktualität ermöglicht. Sartre und Camus haben diese The-
men durchdacht, Sie haben sie auf eine viel lebendigere und
zeitgemäßere Art übertragen.*

Ich habe den Eindruck, daß diese verehrenswerten, bedeuten-
den Schriftsteller über das Absurde, den Tod diskutiert, diese
Themen aber nicht erlebt haben; daß sie sie nicht auf eine
beinahe irreale und innerliche Art in sich gespürt haben; daß
ihre Sprache nicht davon durchdrungen war. Für sie war es
noch Rhetorik, Beredsamkeit. Bei Adamov und Beckett ist
es eine nackte Tatsache, die durch die offensichtliche Sprachzertrümmerung Gestalt angenommen hat. Heute scheint uns
das, was wie Sprachzertrümmerung aussah, sehr klar. Der
Ausdruck für ein bestimmtes Verhängnis verhärtet sich und
entfernt uns von dem Verhängnis. Die zertrümmerte Sprache
hat sich auf neue Art wieder zusammengefügt, oder vielmehr, die verhärtete Zertrümmerung kommt uns wie ein
neuer Zusammenhang vor oder wie eine neue Rinde, ein
Panzer. Deshalb muß man die großen Lebensthemen immer
wieder vornehmen, neu erleben, neu ausdrücken.

*Stammt der absurde Charakter Ihrer Theaterstücke nicht ei-
nesteils von dem Staunen über die Welt, von dem Sie mir
erzählt haben, andernteils von dem Bemühen, die nackte
Wirklichkeit, das Verhalten der Menschen im Alltag zu
übertragen, ohne diese Wirklichkeit, dieses Verhalten zu erklären oder zu rechtfertigen?*

Ich ziehe das Wort «ungewöhnlich» oder «Gefühl des Ungewöhnlichen» dem Wort «absurd» vor. Es kommt vor, daß die
Welt bar jeden Ausdrucks, bar jeden Inhaltes scheint. Es
geschieht, daß man sie betrachtet, als ob man in diesem
Augenblick geboren würde, und dann erscheint sie uns verblüffend und unerklärlich. Sicher haben wir dafür Erklärungen! Man hat uns viele gegeben, und wir verfügen über
alle möglichen Denksysteme. Nur verflüchtigen sich diese
Systeme in dem Augenblick, wo wir dieses Urgefühl, diese
Urahnung haben, daß wir da sind, daß es etwas gibt, und

daß dieses Etwas zum Fragen anregt. In diesem Augenblick erweisen sich alle Denksysteme, alle Erklärungen als ungenügend, zumal diese Erklärungen erst bei etwas Unformuliertem einsetzen: bei dem monolithischen unerklärlichen Dasein der Welt und des Lebens, dem die ethischen, soziologischen Ideologien ausweichen; sie wenden sich ab oder bleiben draußen.

Dieser Begriff des «schon da», des «da seins» erinnert an all die Auslegungen der deutschen Philosophie rund um den Begriff des «Daseins» von Hegel bis Heidegger. Wurden Sie durch diese Philosophie beeinflußt?
Jedesmal wenn man einen Philosophen liest, behält man ihn, oder man behält ihn nicht. Man behält, was er sagt, wenn man schon ähnliche Erfahrungen gemacht hat. Philosophie ist auch Dichtung — und ich glaube, daß Heidegger dieser Auffassung der Philosophie nicht fernsteht. Ich muß sagen, daß wir alle solche Gefühle des Staunens über das «schon da», über das Leben gehabt haben. So empfand ich mit zehn oder zwölf Jahren, bevor ich Pascal gelesen hatte, die Angst vor den unendlichen Räumen. Und mit siebzehn oder achtzehn Jahren hatte ich das Erlebnis mit dem Licht, von dem ich Ihnen erzählt habe. Die Philosophen, die ich recht und schlecht lesen konnte, haben das, was bei mir noch eine elementare Erkenntnis war, vielleicht erweitert und erhellt.

Da Sie der Ansicht sind, das Theater dürfe nicht ideologisch sein, wenigstens nicht direkt, finden Sie, es sollte philosophisch sein?
Das Theater soll nicht philosophisch sein, aber da jede Dichtung Philosophie ist, ist es indirekt philosophisch. Die Bewußtseinswerdung angesichts der Welt und die Frage: Was ist das eigentlich? — ist das nicht Philosophie?

Es ist die Grundfrage der Philosophie.
Eine nie gelöste Frage . . . ! In gewissem Sinne ist alles Phi-

losophie, oder alles geht von der Philosophie aus. Auch das Theater geht von dieser Frage aus. Es muß davon ausgehen, da es sich sonst dem Vorwurf aussetzt, ungenügend und unbedeutend zu sein. Nur, sagen wir es noch einmal, gemeint ist Philosophie und nicht philosophisches System, Philosophie und nicht Ideologie. Die Kunst ist philosophisch, soweit Philosophie Forschung, Problem, Frage, Einstellung ist. Ideologie nenne ich das geschlossene System, das Klischee-Erklärungen bereit hat.

Sind Ihre Theaterstücke Ausdruck Ihrer Einstellung zur Welt?
Das ist eine sehr schwierige Frage. Ich glaube, es gibt unter dem, was ich geschrieben habe, Werke, die Ausdruck dieser alles bedingenden Grundhaltung, der Urfrage an die Welt sind. Andere Werke sind unwesentlichere, politische oder soziologische Übertragungen, die Verhalten, Psychologie und Liebe betreffen. In andern Stücken spiele ich ohne Hintergedanken. Ich glaube, daß meine komischen Dramen am ehesten die ursprüngliche Grundhaltung des Staunens ausdrücken. Das mag seltsam erscheinen, stimmt aber, wie mir scheint. In den «Stühlen» steht der Wirbel der Stühle für die Verflüchtigung einer Welt, die da ist, die nicht da ist, die nicht mehr sein wird. Man kann das auch in andern Stücken wie «Mörder ohne Bezahlung» finden, obwohl es da schon wieder etwas anderes ist. Die Hauptfigur von «Mörder ohne Bezahlung» — zum erstenmal ist es Behringer — staunt im ersten Akt darüber, daß er lebt, daß er auf der Welt ist; und er findet es außerordentlich, wunderbar. Da erlebt er also die Grundhaltung. Dann zersetzt sich diese Wunderwelt, geht aus den Fugen. Das Thema des Hasses erscheint, das Thema des Todes und so weiter... Aber diese wichtigen Themen — wichtig an sich, nicht weil ich sie behandle — sind bereits weniger wichtig als die ursprüngliche Grundhaltung. Diese Einstellung läßt sich kaum beschreiben, und wenn man es dabei bewenden ließe, gäbe es natürlich nicht das

alltägliche Sein, die Geschichte, die Probleme aller Art. Wir leben nicht immer auf gleicher Bewußtseinsebene.

Führt diese Grundhaltung nicht unwillkürlich zur Verwunderung, zur Unruhe oder zur Angst — und das ermöglicht es, rosenrote oder schwarze Stücke zu schreiben?
Das Staunen über das Sein führt bald zur Unruhe und zur Angst, bald zur Verwunderung. Die Verwunderung, zu sein, hält selbstverständlich nicht vor; denn ich bin da; wir leben; ich schreibe Theaterstücke, statt irgendwo der Kontemplation oder dem Fragen zu leben, ohne Literatur zu machen. Die Literatur, scheint mir, ist dazu geschaffen, diese Verwirrung auszudrücken, diesen Sündenfall, dieses unfreiwillige Verlassen des ursprünglichen Zustandes, der beinahe dem paradiesischen Zustand entspricht.

Ist die Literatur nicht auch ein Mittel, den Urzustand zurückzugewinnen, jenen Augenblick der Ekstase, den man nicht festhalten konnte, den man aber nie vergißt?
Ich habe nicht den Eindruck. Darin liegt, scheint mir, eine Art Bankrott der Literatur; die ganze Literatur scheint mir vor allem Ausdruck des einzelnen Lebens zu sein, des geschichtlichen Lebens, des Lebens in der Zeit, oder dann ist sie Ausdruck des Sündenfalls.

Ist aber diese Formulierung des Sündenfalles nicht Sehnsucht nach dem Gipfel, nach dem Ursprung?
Bestimmt, ein Gipfel, der sich immer weiter entfernt.

Ist die Suche oder die Sehnsucht nach dem Gipfel, nach dem Ursprung nicht gerade eine der Ausdrucksmöglichkeiten des Absurden? Ist sie nicht an sich absurd, weil man weiß, daß man auf dem Gipfel gar nicht durchhalten wird?
Das ist eine brauchbare Deutung des Wortes «absurd». Aber absurd oder vielmehr ungewöhnlich ist erst einmal das Gegebene, die Wirklichkeit. Ich bin mir darüber klar, daß ich

das Wort «absurd» für die verschiedensten Begriffe verwende. Es gibt verschiedene «absurde» Dinge oder Umstände. Manchmal nenne ich das absurd, was ich nicht verstehe, weil ich nicht verstehen kann, oder weil die Sache wesenhaft unverständlich, undurchdringlich, verschlossen ist wie der dicke monolithische Block des Gegebenen, diese Mauer, die mir wie eine massive, verfestigte Leere vorkommt, dieser Block des Geheimnisses. Ich nenne auch meine Lage gegenüber dem Geheimnis absurd, den Zustand, daß ich mich vor einer himmelhohen Mauer befinde, die sich bis zu den Grenzen des Unendlichen, das heißt zum unbegrenzten Weltall erstreckt, und daß ich trotzdem nicht von dem verzweifelten Versuch ablassen kann, sie zu überklettern oder hindurchzustoßen, obwohl ich weiß, daß es unmöglich ist. Daß ich diese Lebenslage nicht anerkennen kann, obwohl sie gegeben ist, das ist also absurd. Absurd nenne ich auch den Menschen, der ziellos irrt, das Vergessen des Zieles, den von seinen wesentlichen, transzendentalen Wurzeln abgeschnittenen Menschen — das ziellose Irren ist das Absurde bei Kafka.

All das ist Erlebnis des metaphysischen Absurden, des absoluten Rätsels; dann gibt es auch das Absurde der Unvernunft, des Widerspruchs, Ausdruck meines Mißverhältnisses zur Welt, zu mir selbst, des Mißverhältnisses der Welt zu sich selbst; das Absurde ist auch ganz einfach die Unlogik, der Unsinn; so ist die Geschichte nicht im eigentlichen Sinne absurd, in dem eben genannten Sinne ist sie unvernünftig. Es ist schwierig, sich darin zurechtzufinden. Man müßte das alles entwirren.

Ist die Geschichte, die im Zentrum der Bemühungen vieler unserer Zeitgenossen, auch der Dramatiker, steht, unter diesen Bedingungen nicht auch absurd?
Ich behaupte, daß die Geschichte unvernünftig ist, oder daß die Erklärungen, die man von ihr gibt, unvernünftig sind, da doch eine Erklärung im Idealfall möglich sein müßte. Absurd, im höchsten Grade ungewöhnlich, erscheint mir das

Leben an sich! Da liegt ein wesenhaftes Ungenügen vor, eine Grenze unseres Verstehens; genauer gesagt, ich verstehe es nicht.

Was nun die Geschichte angeht, was ist das? Menschen, die handeln, gut handeln, meist schlecht handeln, die sich eine absurde Welt erfinden, weil sie sich in Gegensatz zu sich selbst setzen. Sobald die Ideologie von der Wirklichkeit getrennt wird, ist das Absurde da. Es ist nicht dasselbe Absurde, es ist ein Gefühl des praktischen, moralischen Absurden, nicht des metaphysischen Absurden. Aber dieses Absurde scheint vom Menschen gewollt. Vielleicht stammt die Absurdität der Geschichte vom Menschen; denn wir wissen nicht mehr, nach welchen Gesetzen sie sich richtet. Man hat oft behauptet, sie gehorche bestimmten Gesetzen. Was heißt das, Sinn der Geschichte, Lauf der Geschichte? Man kann für jede Handlung eine Begründung finden. In diesem Fall löst sich das Absurde — das historisch Absurde — auf. Aber der Grund, der uns zum Handeln veranlaßt, ist er nicht selbst absurd? Kann man sagen, daß der Grund kein Grund ist? Vielleicht liegt das «Absurde» darin, daß man für alles und jedes eine Begründung sucht. Alles in allem glaube ich vielleicht nicht, daß die Geschichte vernünftig ist, und ich glaube auch nicht, daß sie immer unvernünftig ist. Manchmal sind die Menschen vernünftig, dann wieder lassen sie sich durch irgendeine Unvernunft bestimmen, daher kommt es, daß die Geschichte vernünftig und unvernünftig ist. Auch das Vernünftige ist in bezug auf einen andern SINN unvernünftig. Die Sprache widerspricht also in jedem Augenblick einer außerordentlich einfachen und sichtbaren Wirklichkeit, als ob wir es ablehnten, diese Wirklichkeit zu sehen.

So sagen die Länder, die unterdrücken, sie befreien; die Tyrannei legt sich den Namen Freiheit zu, die Rache den Namen Gerechtigkeit, und man spricht dort von Liebe und Freundschaft, wo nur Gleichgültigkeit und Gehässigkeit herrschen.

Was man sagt, müßte also mit dem, was ist, übereinstimmen.
Es müßte eine fortdauernde Aufklärungs-, Präzisierungs-
arbeit stattfinden, um das «Absurde» in der Politik, das anders ist als das Grundabsurde, aufzuheben.

Aber wer könnte diese Arbeit durchführen?
Wenn man mir hülfe, könnte ich es tun ... aber Spaß bei-
seite. Immerhin glaube ich, wenn es auf der Welt hundert
Menschen gäbe, die mit dem Standbild der Objektivität vor
Augen arbeiteten, so wäre die Welt gerettet. Statt dessen
denkt man immer Schlechtes; denn wir werden von unseren
Leidenschaften fortgerissen.

*Ist absolute Objektivität möglich? Könnten der Künstler,
der Schriftsteller ihre Subjektivität, ihre Träume, ihre Leidenschaften überwinden, um ihren Teil zur Errichtung oder
zur Verteidigung dieser Objektivität beizutragen?*
Objektivität ist Gutgläubigkeit. Die Subjektivitäten können
sich zusammenfügen. Die Wahrheit in ihrer Subjektivität
und über ihre Subjektivität hinaus erkennen, das lehrten uns
Sokrates und Plato, dann Freud, Jung und andere. Man kann
über seine Subjektivität hinaus sehen, es gibt dafür Methoden; man kann es zum Beispiel, wenn man sich in die andern
hineinversetzt: so entrinnen wir uns selbst. Gerade die Leidenschaften kann man klären — woher stammen sie? Und
warum? das läßt sich analysieren —, austreiben oder mäßigen.

*Wir haben schon von der Beziehung zwischen dem Komi-
schen und dem Tragischen in Ihrem Werk gesprochen. Das
Komische erscheint bei Ihnen in verschiedenen Stufen: Si-
tuationskomik, Komik der Mechanik, Wortspiele oder vielmehr Spiele mit Worten wechseln miteinander ab oder vermischen sich innerhalb der Szenen. Vor allem ist bemerkens-
wert, daß der schwarze Humor dazu beiträgt, die Absurdität,
das Ungewöhnliche klarzustellen. Was bedeutet Ihnen der
Humor?*

Man hat behauptet, ich mache humoristisches Theater, ich hätte Humor. Was ist Humor? Das Lachen über das Unglück und vielleicht über das eigene Unglück.

Ist Humor nicht ganz verschieden von der Komik, die wir im Boulevardtheater finden?
Komik entsteht, wenn Personen in eine Lage geraten, die sie in Verlegenheit bringt, oder die ungehörig ist. Man spürt sehr wohl, daß nicht alle Situationen komisch sind. Der Humor aber gibt den Eindruck des Humoristen wieder, daß alles unvernünftig, lächerlich ist, daß wir uns alle von Geburt an in einer ungeklärten und merkwürdigen Lage befinden.

Ist Humor nicht auch ein Mittel, nicht hereingelegt zu werden, Abstand vom Absurden oder vom Tragischen zu gewinnen?
Genau. Es ist auch eine Absage an die Absurdität, eine Überwindung des Dramatischen. Humor setzt ein klares Bewußtsein voraus. Er setzt eine Spaltung voraus, die klare Erkenntnis der Eitelkeit der eigenen Leidenschaften. Man lebt dann mit seinen Leidenschaften weiter und weiß doch, daß sie absurd oder geradezu läppisch sind, auch wenn man nichts gegen sie vermag. Humor heißt ganz einfach, sich der Absurdität bewußt werden und doch in der Absurdität weiterleben.

Können Sie ein Beispiel für diese Situation geben?
Alle Situationen sind humoristisch, und alle Situationen sind tragisch . . . Sie wollen ein Beispiel. Es ist sinnlos, einen andern zu hassen. Dennoch hasse ich ihn. Aber ich weiß, daß es sinnlos ist. Es ist lächerlich, verliebt zu sein, denn niemand ist liebenswert; dennoch bin ich weiter verliebt, und ich bin mir darüber klar, daß es lächerlich ist. Der Humor macht es möglich, alle möglichen Leidenschaften zu erleben und dabei zu wissen, daß es keinen Sinn hat.

Sind Sie sicher, daß Verliebtsein keinen Sinn hat?
Verliebtsein heißt: man sitzt in einer Falle, in einer psychologischen oder biologischen oder physiologischen Falle oder in allen dreien zusammen. Es heißt: man ist hereingefallen — ich spreche vom Standpunkt des Humoristen aus! Irgend etwas erfahren, an irgend etwas leiden, das heißt hereingefallen sein. Humor besteht darin, daß man sich dessen bewußt wird und weiter Liebe oder Schmerz empfindet. Die völlige Entmystifikation wäre der Tod. Aber durch den Humor gibt es einen gleichbleibenden Abstand.

Man ist gleichzeitig Schauspieler und Zuschauer. Ist das nicht geradezu die ideale Situation des Theaters?
Das Theater sollte nur das sein. Das Theater ist der Mensch, der sich selbst eine Vorstellung gibt.

Das bedingt, daß der Zuschauer sich im Autor erkennt.
Wenn er sich nicht erkennt, ist einer von den beiden, der Zuschauer oder der Autor, ein Armer im Geiste.

Der Humor zeigt sich bei Ihnen sehr oft im Sprachlichen. Das beginnt mit den Wortspielen oder mit der ungewohnten Wortverbindung. Welches Gewicht messen Sie diesen Spielen bei?
Gar keins. Deshalb mache ich sie ja. Wenn sie Gewicht hätten, würde ich sie nicht machen. Ob ich diese Spiele liebe? Aber sicher. Es ist befreiend, mit Wörtern zu spielen, irgend etwas mit ihnen anzustellen. Geben Sie den Wörtern volle Freiheit, lassen Sie sie irgend etwas sagen, ohne Absicht, etwas kommt immer dabei heraus. Es werden immer Wörter aneinandergereiht, die dadurch irgend etwas bedeuten. Wenn sich die andern auf diese Bedeutung stürzen und erklären: «Das wollte der Autor mit diesen Sätzen sagen», obwohl er damit gar nichts sagen wollte — ist das nicht die größte Enttäuschung, die ein Autor erleiden kann?

Haben Sie dann den Eindruck, daß die Leute nicht verstehen, was Sie gewollt haben?

Wenn ich schreibe, will ich manchmal Dinge sagen, die mir am Herzen liegen; denn ich habe wie alle andern auch Augenblicke, wo ich der Gefangene meiner Leidenschaften bin, Gefangener eines bestimmten Konformismus, bestimmter Ideen; und manchmal will ich gar nichts sagen. Das sind die glücklichsten Augenblicke und anscheinend die unbedeutendsten, aber vielleicht sind sie, gerade weil sie unbedeutend sind, die bedeutendsten.

Wenn ein Kritiker solche Stellen erklärt, haben Sie dann den Eindruck, er sei den Worten in die Falle gegangen, oder bietet er Ihnen eine interessante Erklärung, die Sie nicht vorausgesehen haben?

Abwechselnd so oder so. Manchmal hat er einfach nicht verstanden, manchmal gibt er diesen Wortfolgen, dieser Wortexplosion eine Bedeutung, die ich anerkenne.

Man stößt in Ihren Stücken oft auf lange Aufzählungen, die an sich durchaus logisch wären, wenn nicht plötzlich ein oder zwei Wörter dazukämen, die neben den andern keine Bedeutung haben und so den Sinn zerstören. Und diese fremden Wörter stellen den Aufzählungsmechanismus der Worte bloß und geben dem Ganzen eine humoristische Note. Zum Beispiel zählt Semiramis in den «Stühlen» die Eingeladenen auf, die kommen werden: die Besitzer, die Offiziere, die Bischöfe und so weiter; plötzlich nimmt sie Federhalter und Chromosomen in diese Liste auf. Zeigt sie damit nicht, daß alle die genannten Personen nur eingebildet sind, daß ihre Aufzählung willkürlich, sinnlos ist?

Da ist offensichtlich zuerst eine Klangassoziation. Das ist ein Spiel. Die Wörter kommen und assoziieren frei miteinander. Es ist eine gewisse Willkürlichkeit darin. Was bedeutet sie, und ist diese Willkürlichkeit so willkürlich? Sie will dennoch etwas besagen.

Entsprechen diese Assoziationen nicht den freien Assoziatio-
nen, die man in der Psychoanalyse verwendet, und geben sie
nicht manchmal bestimmte Bilder oder Themen an? Neh-
men wir zum Beispiel die Stelle aus «Jakob oder Der Gehor-
sam», wo Roberta II sich offensichtlich unzusammenhängend
ausdrückt: «Ich bin feucht ... Ich habe ein Geschmeide aus
Schlamm, meine Brüste schmelzen, mein Becken ist weich,
ich habe Wasser in meinen Schlünden. Ich versinke im
Sumpf. Mein wahrer Name ist Lisa. In meinem Leib gibt es
Teiche und Moore ... Ich habe ein Haus aus Ton. Ich bin
immer frisch. Da gibt es Moos ... fette Fliegen, Käfer,
Asseln, Kröten. Unter feuchten Decken Liebe ... Man dehnt
sich vor Glück! Ich umschlinge dich mit meinen Schlangen-
armen, mit meinen weichen Schenkeln ... du sinkst und
versinkst ... in meinen Haaren, die regnen, regnen. Mein
Mund fließt, es fließen meine Beine, meine nackten Schul-
tern fließen, mein Haar fließt, alles fließt, zerfließt, alles
fließt, der Himmel fließt, die Sterne zerfließen, fließen,
fließ ...»
Hier sehen wir, will mir scheinen, zwei wichtige und bezeich-
nende Dinge Ihrer literarischen Welt: einerseits untergrün-
dig das Thema des Versinkens im Schlamm, im Sumpf —
darüber haben wir bereits ausführlich gesprochen —, ander-
seits sehen wir einen Assoziationsmechanismus oder vielmehr
einen doppelten Assoziationsmechanismus: Bildassoziatio-
nen, die mit dem Thema des Wassers und des Versinkens
zusammenhängen: Sumpf, Regen, Kröten usw; und Klang-
assoziationen: «Je m'enlise. Mon vrai nom est Elise» (An-
merkung der Übersetzerin: Auf dieses Wortspiel wurde in
der deutschen Fassung des Stückes verzichtet.), «die Sterne
zerfließen, fließen ...» und so weiter.

Ja, hier ist es offensichtlich nicht mehr die gleiche Aufzählung wie in den «Stühlen», «Der Papst ... Papier ...» das
hieß gar nichts für mich. Es handelt sich um beinahe sinn-
lose Klänge. Hier habe ich den Eindruck, daß Wörter und
Bilder zusammenhängen. Roberta sagt: «Je m'enlise. Mon

vrai nom est Elise», weil ich selbst versank oder weil ich spürte, daß die Person versank, und ich wollte ihr einen Atemzug der Freiheit schenken.

Das bedeutet, daß ich mich von einer Angst befreien kann, indem ich die Lage, die sie hervorruft, benenne.
Roberta entrinnt der Angst und dem Versinken für eine Sekunde. Wie jemand, der ertrinkt und dann plötzlich einen Augenblick auftaucht, oder vielmehr wie jemand, der sich versinken sieht.

Ja. Aber wenn sie nach dem «Je m'enlise» («Ich versinke») sagt: «Mon vrai nom est Elise» («Mein wahrer Name ist Elise»), hat die Tatsache, daß sie sich einen andern Namen gibt, keinen tieferen Sinn? Ist es nicht der Versuch, sich anders zu nennen, um ein anderer zu sein, der sich aus dem Versinken retten könnte oder an ihrer Stelle versinken würde? Ich denke an die antiken Zauberbräuche, wo der Name die Kraft eines Talismans hatte, wo Name und Person ein Ganzes bildeten, wo der Name eine Bestätigung ihrer Existenz war.
Das ist wahr, hier bestätigt sie ihre Unabhängigkeit angesichts des Versinkens. Sie erklären mir, was ich geschrieben habe. Ich wußte aber genau, was ich mit dieser Stelle sagen wollte. Natürlich sind es Traumbilder, aber ausgelesene, die alle die Stofflichkeit, das Ungeistige der Sexualität ausdrükken sollen: das Versinken des Menschen in der Erotik.

Betrachten Sie die Erotik als etwas ausgesprochen Stoffliches?
Nicht immer. Im vorliegenden Fall ist es reine Biologie. Gewissermaßen ein Abdanken des Bewußtseins. Hier entziehen sich die Personen der Psychologie, der Logik, sie entziehen sich dem Geisteszustand des Tages. Auch dem Traum. Jakob entzieht sich der Gesellschaft, und er verliert seine Seele, um in der biologischen Wirklichkeit unterzutauchen. Er steht unter der Herrschaft der stofflichen Welt.

Ich komme auf das Problem der Sprache zurück. In «Jakob oder Der Gehorsam» finden wir die Sprache noch anders verwendet. Ich denke zum Beispiel an das Lied, das Roberta II singt. Darin werden die widersprüchlichsten Tatsachen und Ideen ausgesagt. Das Lied heißt:

> *«Es gibt auf der Welt wie mich keine zwei:*
> *Bin leicht und frivol, doch tief dabei.*
> *Ich bin weder ernsthaft noch frivol:*
> *Die Kühe, die melk ich, und pflanze den Kohl,*
> *Auch andere Arbeit ist mir vertraut,*
> *Die schön und weniger schön ausschaut:*
> *Ich, ich bin die richtige Braut.*
> *Nach außen ehrsam und ehrlos im Nest:*
> *Mit mir, da wird Ihr Leben ein Fest!*
> *Ich spiele Klavier*
> *Und mache das Tier:*
> *Einer gründlichen Schule bin ich entsprossen,*
> *Ja, gute Erziehung hab ich genossen!»*

Ist das nicht eine Ablehnung der Dialektik, denn alle Begriffe werden gleichzeitig gegeben, und der Versuch, eine Person mit allen ihren Aspekten, auch den widersprüchlichsten, zu beschreiben, wobei jeder Aspekt als genauso wahr gilt wie der andere?

Sagen wir, es handelt sich hier um ein Vollweib. Es ist das Muster einer Frau, die alles hat, was ein Mann sich wünschen kann. Sagen wir auch, daß es eine Göttin ist, in der sich alle widersprüchlichen Attribute vereinigen.

Und die Maske mit drei Nasen wäre Ausdruck für diese widersprüchlichen Attribute. Sie wäre das sichtbare Zeichen dafür.

Diese Frau hat nicht nur drei Gesichter, sondern unzählige Gesichter, denn sie ist ganz Weib.

Am Schluß von «Jakob oder Der Gehorsam» will Roberta alles mit dem einzigen Wort «Katz» bezeichnen: «Die Katzen

heißen Katz, die Nahrung: Katz, das Ungeziefer: Katz, die
Stühle: Katz, du: Katz, ich: Katz, das Dach: Katz, die Zahl
eins: Katz, die Zahl zwei: Katz, drei: Katz, zwanzig: Katz,
dreißig: Katz, alle Beiwörter: Katz, alle Vorsilben: Katz.»
Kann man darin nicht das Verlangen nach einer Universal-
sprache sehen?
Es ist vielmehr der Mangel einer Sprache; es ist vielmehr
die Indifferenz, alles ist auf derselben Ebene, es ist die Absage
an die Klarheit und die Freiheit zugunsten des Organischen.

Ist nicht jeder Schriftsteller der Versuchung des Schweigens
ausgesetzt?
Es gibt ein Schweigen und ein Schweigen. Hier handelt es
sich sozusagen um ein tieferstehendes Schweigen. Es gibt ein
anderes Schweigen, ein strahlendes Schweigen. Ich glaube,
in «Jakob oder Der Gehorsam» ist einer der beiden Zustände
— Zustand der Schwere, des Schattens und Zustand der
Leichtigkeit, des Lichts —, die ich abwechselnd erfahre, ausgedrückt. Dem Schweigen des Lichts steht das Schweigen
des Schlammes gegenüber.

Der Vorgang, alles Katz zu nennen, wäre also der Mangel
der Sprache. Finden wir nicht schon von der «Kahlen Sän-
gerin» an die Kritik an einer vollständig automatisierten
Sprache, die eine Unter-Sprache wäre? Aber die Sprache der
Frau Smith wird dadurch, daß sie auf Banalitäten beharrt,
Selbstverständlichkeiten betont, ebenfalls ungewöhnlich.
Und doch ist sie bereits vertraut; denn wenn wir in einem
Dialog hintereinander mehrere Klischees aussprechen, haben
wir den Eindruck: Das ist Ionesco. Wie kamen Sie dazu, diese
Sprache zu verwenden?
Ich bin von Klischees, vom Automatischen, von fixfertigen
Wahrheiten ausgegangen. Von einem bestimmten Augen-
blick an werden diese Wahrheiten ver-rückt. Das hängt da-
mit zusammen, daß die Personen Marionetten sind, daß sie
der kleinbürgerlichen Welt jeder Gesellschaft angehören. Sie

leben in Schlagwörtern. Im Grunde brauchte ich nur den Leuten um mich herum beim Sprechen zuzuhören. Sie sprachen, wie man nach der Gleichmachungsmethode spricht. Sie sind selbst Automaten: sie haben eine Unter-Sprache.

Die Linguisten sprechen heute von einem Bruch zwischen der gesprochenen Sprache, der Sprache des heutigen Durchschnittsfranzosen, und der Schriftsprache, die von den Grammatikern und vom Lexikographen Littré kodifiziert wurde, und die sehr nahe bei der Sprache des achtzehnten Jahrhunderts bleibt. Nun ist es verblüffend, daß Beckett und Sie, daß Céline und Queneau in ihren Romanen — Sie sehen, der Fächer ist groß — die gesprochene Sprache zu verwenden verstanden, und zwar indem sie sie gewissermaßen neu erfanden und ihr einen ästhetischen Wert verliehen, den sie nicht hatte und der sich durchaus mit dem der klassischen Sprache vergleichen läßt. Hatten Sie das Gefühl, so etwas zu unternehmen?
Ich wollte vor allem bestimmte Dinge sagen, und auch wenn ich sie nicht sagte, war mir das wichtiger als die Ausdrucksweise: die Sprache hat sich angeheftet, sie ist mitgekommen.

Das Stück «Impromptu» hat die Auseinandersetzung zwischen Autor und Kritik, die Gegenüberstellung verschiedener Auffassungen des Theaters zum Thema; gleichzeitig ist es nach dem charakteristischen Rhythmus Ihrer Stücke aufgebaut, der vom Banalen, Realen ausgeht und im Phantastischen oder Ungewöhnlichen endet. Ist das Theater ein gutes Thema für das Theater?
Alles kann ein gutes Thema für das Theater sein, auch das Theater. Es kommt darauf an, was man daraus macht. Ein Thema, das den Gesetzen des Romans entsprechend behandelt wird, ergibt einen Roman; es ergibt ein Theaterstück, wenn es nach dramaturgischen Gesetzen behandelt wird. «Impromptu» ist ein Stück, in dem ich versuche, Molière zu kopieren; es ist auch eine Kritik an einigen Kritikern. Ich

werfe den Kritikern ihre Dogmatik vor, ihr Unverständnis der Kunst, ihre Weigerung, das Theater zu begreifen. Die Kritiker, die ich auf die Bühne bringe, sind streitsüchtige Kritiker.

Es gibt auch Kritiker, die nur das Boulevardtheater lieben.
Die sollte man auch auf die Bühne bringen. Die beiden Hauptpersonen, Bartholomäus I und Bartholomäus II sind dogmatische Kritiker. Für sie gibt es das Theater nicht, es interessiert sie nicht. Es kann sie nur insofern interessieren, als es Propagandawerkzeug ist. Welcher politischen Richtung? Das weiß man nicht; denn diese Kritiker behaupten zwar, Marxisten zu sein, in Wirklichkeit aber sind sie Kleinbürger mit politischem Ehrgeiz, mit Machthunger. Das Theater soll für sie ganz einfach als Werkzeug ihrer persönlichen Politik dienen, und die Autoren sollen ihre Anweisungen befolgen. Das wäre sehr schwierig; der künstlerische Vorgang ist Schöpfung und Erforschung und kann sich nicht auf die Illustration einer These beschränken.

«Impromptu» ist interessanterweise ein Thesenstück, denn es gilt, die These von der schöpferischen Freiheit gegen die Forderungen gegensätzlicher Thesen zu verteidigen, und gleichzeitig ist es ein Drama; denn wir sehen den Autor im Kampf mit den Theoretikern des Theaters. Und wenn das Stück zum Drama wird, ist es kein Lehrstück mehr, oder es ist zumindest mehr als ein Lehrstück.
Es ist ein Lehrstück, das wie die Folge eines Dramas ist. Der Autor wird hier von verschiedenen Kritikern angefallen, die ihm eine bestimmte Schreibweise und Denkart aufdrängen wollen. Es war die Zeit der Brechttyrannei oder der Tyrannei, die die Pariser Brechtianer — diese kraftlosen Revolutionäre von vorgestern oder vorvorgestern — zu errichten versuchten. Der Brechtianismus, über den man hätte diskutieren können, erlaubte weder Diskussion noch Koexistenz; er war also eine geistige Gefahr. Gegen diese Gefahr erhob ich mich. In das

Stück sind Texte aus Zeitschriften wie «Théâtre Populaire»,
«Bref» eingearbeitet, auch ein paar Sätze aus dem «Figaro».
Die Theorien des Dr. Bartholomäus über die Kostümkunde
findet man bei Roland Barthes. Barthes hatte eines Tages
entdeckt, daß das Theater ein Propagandawerkzeug, ein
Lehrinstrument sein kann. Also fing er an, ins Theater zu
laufen, und er hat eine Theorie der Kostümkunde aufgestellt,
die pedantisch, gelehrsam und einfältig in einem ist; auch
anfängerhaft, denn er entdeckte Dinge, die von jedem be-
liebigen Laien, der ein halbes Theaterstück inszeniert hat,
schon entdeckt worden sind. Zum Beispiel: Es darf keinen
Widerspruch zwischen der Ausstattung und der Aufführung
geben, sondern es muß vollkommene Übereinstimmung herrschen. Die Kostüme dürfen nicht schöner, lebendiger, strah-
lender sein als das übrige, sie müssen sich in die Totalität
der Aufführung einordnen und so weiter.

*Da bin ich nicht mit Ihnen einverstanden. Sicher handelt es
sich um alte Wahrheiten, aber sie werden nur allzuoft vergessen. Barthes dachte an ein Boulevard- oder Operetten-
theater, wo Bühnenbild und Kostüme wichtiger sind als der
Text, und was noch schlimmer ist, wo Bühnenbild und Kostüme dazu da sind, dem Auge zu gefallen, aber das Spiel
des Darstellers nicht im geringsten unterstützen.*
Ja. Im Boulevard- oder in andern Theatern ist das Bühnenbild, die «Schau» oft wichtiger als das Stück. Aber diese
Theater verlangen das. Der Text ist nur Vorwand für ein
amüsantes, reich ausgestattetes Schauspiel. Ob das nun gut
oder schlecht ist, jedenfalls hat man das Recht, es zu machen,
ohne sich dem Bannstrahl der Kritiker auszusetzen. Man hat
das Recht, auch «Schauspiel um der Schau willen» zu machen. In den andern Stücken wird das Gleichgewicht ganz
von selbst beachtet.

*Ja, aber es ist ein Unterschied zwischen gewissen Aufführun-
gen, wo jeder sein eigenes Reich hat, wo man den Bühnen-*

128

bildner, den Schauspieler und den Autor einzeln beklatschen
kann, und Aufführungen von Stücken wie «Fußgänger der
Luft» und «Nashörner», wo die Ausstattung — um gut zu
sein — bestimmte Symbole ausdrücken und in die gesamte
Vorstellung integriert sein muß.

Die Ausstattung ist meistens integriert. Ich sehe Aufführungen von Shakespeare, Racine, Molière, Kleist, Büchner und
Strindberg, und meistens sind sie vollkommen ausgewogen.
Barthes und die dogmatischen Kritiker regte es auf, daß das
Bühnenbild beklatscht wurde. Man hat das Recht dazu, wie
man auch von Zeit zu Zeit den Satz eines Schauspielers beklatscht, einen Abgang, einen Auftritt und so weiter . . . Das
heißt noch nicht, daß das Bühnenbild der Einheit der Aufführung schadet. Ich finde, ebensogut kann man sich die
Modeschau in einem großen Modehaus ansehen. Auch das
ist eine Inszenierung. Sie findet nicht im Theater statt, aber
sie zeigt uns Frauen, die kostbare oder zauberhafte Kleider
tragen. Es gibt also Schauspiele, bei denen Ausstattung und
Kostüme die Hauptrolle spielen. Der Text ist dabei unwich-
tig. Gefährlich wäre es, wenn man nur noch das machen
würde. Aber diesen Manierismus sehe ich auf unseren Büh-
nen nicht. Im übrigen bringt nicht, wie die Kritiker sagen,
das bürgerliche Schauspiel, sondern das Lehrstück ein dramatisches Werk aus dem Gleichgewicht, verlagert seine Ge-
wichte und verfälscht es. Beim Lehrstück ist die Inszenierung
vorherrschend, trägt den Sieg über den Text davon und ver-
zerrt ihn, nur um das Werk zu «aktualisieren», so daß es
Dinge aussagt, die es gar nicht aussagen wollte, die aber einer
Ideologie folgen. Was waren doch die Inszenierungen Sta-
nislawskijs und seiner Nachfolger in Deutschland, Frankreich
und so weiter für Katastrophen . . . Dort geriet die Einheit
des Werkes aus dem Gleichgewicht und zerfiel, und dagegen
wurde nicht protestiert — oder vielleicht haben es die Kritiker
gar nicht gemerkt.

Mich interessieren am «Impromptu» die Antworten, die Sie den Kritikern geben, am meisten. Sie sagen, daß das Theater in erster Linie theatralisch sein müsse. Was heißt theatralisch?
Sie stellen mir da eine ganz unangenehme Frage. Ich frage mich: Wem ist jemals eine Definition des Theaters oder des Theatralischen gelungen? Vor allem seit wir «Antitheater» machen und dennoch glauben, daß wir Theater machen. Die Doktoren der Theaterwissenschaft sprechen ebenfalls von Theater und vom Theatralischen.

Und sie gehen davon aus, ein Theater, das der Unterhaltung dient, einem Theater, das der Belehrung dient, gegenüberzustellen.
Der Begriff des Theaters läßt sich weder mit Unterhaltung noch mit Belehrung erschöpfen. Sowohl Belehrung als auch Unterhaltung können Theater sein oder können nicht Theater sein. Was ist Theater? Eine schwer zu beantwortende Frage.

Die Sie lösen, indem Sie Theater machen, wie man geht, um die Bewegung zu beweisen.
Was ist Theater? Zurschaustellung eines Konflikts? Vielleicht. Aber das epische Theater ist nicht ausgesprochen die Zurschaustellung eines Konflikts, und heute soll das Theater doch episch sein. Ist ein Konflikt dramatisch? Auch ein Fußballwettkampf ist ein Konflikt, ist er Theater? Er ist ein Schauspiel wie ein Stierkampf, der ebenfalls ein Konflikt ist. Es kann aber ebensogut Theater geben ohne Konflikt. Auf der Bühne ist alles möglich. Man kann uns etwas zeigen, das auf der Bühne vorgeht, oder ganz einfach eine Person, die nach vorn kommt, stehenbleibt und guckt. Man kann Lichtwechsel zeigen, Versatzteile, eine Silhouette, Tiere ... Man kann auch die leere Bühne zeigen. Das alles ist trotzdem Theater. Theater ist das, was man uns auf der Bühne zeigt. Das ist die einfachste Erklärung, die am wenigsten falsche, die ungenaueste, die man aber nicht so leicht widerlegen

kann. Nun, wir wissen alle mehr oder weniger, was Theater ist, sonst könnten wir ja nicht davon reden. Vielleicht könnte man es als bewegte Architektur, als lebendige, dynamische, von Gegenkräften geschaffene Konstruktion definieren. Um auf das zurückzukommen, was ich mache: Für mich ist das Theater die Zurschaustellung einer sehr seltenen, sehr fremdartigen, sehr ungeheuerlichen Sache. Etwas Schreckliches, das sich insofern stufenweise offenbart, als nicht die Handlung — oder man müßte den Begriff «Handlung» in Anführungszeichen setzen —, sondern eine Kette von mehr oder weniger komplexen Ereignissen und Zuständen fortschreitet. Das Theater ist eine Abfolge von Zuständen und Situationen, die einer immer größer werdenden Verdichtung zustreben.

Sie haben das Wort «ungeheuerlich» ausgesprochen. Wenn das Theater eine Abfolge von inneren und äußeren Zuständen ist, wer oder was ist dann ungeheuerlich — gestatten Sie mir diese Frage —, das Theater, das Leben oder Sie selbst?
Das Leben, ich selbst, die Person, die ich auf der Bühne zeige, das Ereignis, das sich plötzlich enthüllt. Für mich ist das Theater auch das alles. Ich habe den Eindruck, in einer mehr oder weniger gut eingerichteten Welt vor sehr höflichen Menschen zu stehen. Plötzlich geht etwas kaputt, zerreißt, und der ungeheuerliche Charakter der Menschen kommt zum Vorschein, oder das Bühnenbild wird zu etwas völlig Unbekanntem, und Menschen und Bild enthüllen so vielleicht ihre wahre Natur. Das Theater ist vielleicht das: die Enthüllung von etwas, das verborgen war. Das Theater ist das Unerwartete, das sich zeigt. Das Theater ist die Überraschung. Ich will hier nicht das Wort Entmystifizierung gebrauchen, obschon es dazu zu passen scheint; denn die Entmystifizierung ist selbst eine Mystifizierung; vor allem weil man heute dem Wort Entmystifizierung eine wohlbekannte Reihe von ideologischen und politischen Begriffen zuordnet. Man müßte die Entmystifizierung entmystifizieren . . . ihre

Klischees. Mit Klischees entmystifizieren ... welch ein Widerspruch! Aber ich wollte sagen, das Theater darf nicht Illustration von etwas Gegebenem sein. Im Gegenteil, es ist eine Forschungsreise. Und dank diesem Vorgang, dieser Erkundung gelangt man zur Offenbarung einer Wahrheit, die meistens unerträglich ist, die aber auch leuchtend und stärkend sein kann.

Ist es für Sie nicht auch ein Mittel, die eigenen Ungeheuer zu hetzen?

Ja. Die Leute haben sich für meine Theaterstücke interessiert, und trotz allem habe ich den Eindruck, daß sie sich dafür interessieren, weil meine Ungeheuer nicht meine persönlichen, sondern die Ungeheuer mehrerer, vielleicht die Ungeheuer der ganzen Welt sind. Darin suchen und erkennen Autor und Zuschauer einander. Das persönlichste Theaterstück hat auch die umfangreichste Gültigkeit für die Gesellschaft. Man redet viel vom Volkstheater, vom Theater für das Volk; man hat behauptet, der Autor dürfe nicht von seinen Mitmenschen getrennt sein, er müsse für die Gesellschaft arbeiten. Das sind Gemeinplätze. Jeder Autor macht das unwillkürlich. Die Theoretiker verwechseln nur allzuoft die Gesellschaft mit der Verwaltung oder der Regierung, und es gelingt ihnen, die Wahrheit unter einer Ideologie, unter irgendeiner Moral zu verstecken; sie verwechseln den lebendigen Widerspruch mit Ideologien, welche zu den verkalkten Regierungsformen führen, die sich anderswo schon so gut etabliert haben, daß man sie nicht mehr übergehen kann. Hierzulande verteidigt und bejaht man sie mit jener Verspätung, die man für Fortschritt hält. Die Franzosen sind konservativ, vor allem wenn sie sich revolutionär vorkommen. Sie finden es ganz normal, daß in so und so vielen Ländern Zensur und Gefängnis drohen — bei sich selbst fänden sie es ungesetzlich. Der Autor spürt als einzelner umfassendere Wahrheiten auf als diejenigen, die durch Ideologien oder führende Schichten aller Art auferlegt werden.

Sie sagten vorhin, der Begriff des Theaters läßt sich weder mit Unterhaltung noch mit Belehrung erschöpfen. Meinen Sie damit, daß das eine wie das andere außerhalb des Theaters bleibt?

Ja, in vielen Fällen stehen sie abseits. So kann die Unterhaltung Theater sein oder nicht. Ich kann mich auch außerhalb des Theaters unterhalten. Ebenso kann ich aus einem Theaterstück eine Lehre ziehen; ich kann diese Lehre aber auch aus vielen andern Dingen ziehen, aus Tatsachen, aus Erfahrungen. Für mich muß das Theater Offenbarung verborgener Wahrheiten sein. Durch das Theater müssen sie als lebendige Wahrheiten zum Vorschein kommen. Im Gegensatz dazu offenbart das Lehrstück nichts, es bringt nichts Neues bei; denn es ist bereits bekannten Ideologien verpflichtet, die es illustriert, also nachbetet.

Hat das Lehrstück nicht eher das Ziel, bestimmte Probleme zu klären und dem Publikum ins Bewußtsein zu rufen, daß es bestimmte Fragen gibt, während es ihm doch die Freiheit der Entscheidung läßt?

Das heutige didaktische Theater wird durch die verschiedenen Zentren, Verwaltungen, Propagandabüros sehr genau überwacht. Es gestattet keine Freiheit der Entscheidung. *Es ist sogar sein Ziel, die Entscheidungsfreiheit zu unterbinden.* Man lehrt Sie Wahrheiten, man klärt Sie auf, aber es ist eine Spezialaufklärung, die gelenkt und aufgezwungen ist. Selbstverständlich kann das sogenannte didaktische Theater in einzelnen Fällen mehr als Belehrung bieten; das heißt, es kann uns Dinge lehren, die das ideologische Thema nicht voraussehen läßt. Der große Dramatiker ist derjenige, der, obwohl er Propaganda machen will, über die Propaganda, über seine ursprüngliche Absicht hinausgelangt. Die Schöpfung eines Theaterstückes ist ein Marsch durch einen Wald, eine Forschungsreise, eine Eroberung, die Eroberung unbekannter Wahrheiten, die manchmal sogar dem Autor bei Beginn der Arbeit unbekannt sind.

*Spiegelt nicht jedes große Drama seine Epoche oder, wenn
es historisch nicht genau festgelegt ist, das Bewußtsein der
Menschen jener Epoche?*

Sehr richtig. Es ist Ausdruck seiner Epoche und gleichzeitig
Ausdruck des Weltganzen. Wenn es nur die Epoche spiegelt,
verschwindet es mit seiner Epoche, mit der Mode. In viel tieferem, umfassenderem, indirekterem, überlegterem und
spontanerem Sinn ist es auch Ausdruck für die Einmaligkeit
des Autors. Ist der Autor auf sich allein gestellt, so ist er um
vieles mehr Ausdruck der Welt, als wenn ihn die regierenden
Mächte zur Darstellung einer bestimmten Kollektivvision
zwingen. Die regierenden Mächte, die Kasten, die Parteien
bilden notgedrungen eine geschlossene Gesellschaft. Anderseits glaube ich, daß all das, was für das Kollektiv interessant
ist, jeden einzelnen von uns sehr wenig interessiert. Ich
glaube, daß jedes Individuum wichtiger, wahrer, interessanter ist als die Gruppe, vor allem umfassender. Das Individuum ist umfassend, die Gruppe hat nur beschränkte Allgemeingültigkeit!

*Mir scheint, daß Sie in Ihrem Werk das Thema der Bedeu-
tung des Theaters und das Thema der schöpferischen Thea-
tertechnik oft behandeln. Lassen wir das Stück «Impromptu», das sich ja unbedingt aufs Theater bezieht, einmal bei-
seite. Ich finde es bedeutungsvoll, daß Niklaus in «Opfer der
Pflicht» den Polizisten fragt, was er vom Theater und sogar
von der Erneuerung des Theaters denkt; daß in «Wie wird
man ihn los» ein Dramatiker vorkommt; daß wir sowohl in
«Hunger und Durst» als auch in «Opfer der Pflicht» durch
Personen, die den andern eine Vorstellung geben, das Theater im Theater erleben, wie man es schon als Rotrous St. Ge-
nasius kennt. Wäre die Tatsache, daß man das Theater im
Theater in Frage stellt, nicht vielleicht ein Anzeichen für
dauernde Beunruhigung, für die immer neue Erforschung
der Bedeutung des Theaters und der Rolle des Autors?*

Wenn man bestimmte innere Wahrheiten, bestimmte Zustände oder, weiter gefaßt, bestimmte menschliche Wahrheiten ausdrücken möchte, denkt man auch über die Möglichkeit nach, wie man sie mitteilen kann. Diese doppelte Arbeit findet jedesmal statt, daher Theater im Theater, deshalb Personen, die sich verdoppeln, die ihr Drama erleben und gleichzeitig darüber nachdenken.

Das Stück wäre demnach sein eigener Spiegel und der Spiegel des Verfassers?
In «Impromptu», in «Opfer der Pflicht» und «Wie wird man ihn los» ist es bestimmt so. In den andern Stücken tritt es nicht so offen zutage. Bei der «Kahlen Sängerin» waren, wie ich Ihnen schon sagte, mehrere Ideen nebeneinander da; unter anderem wollte ich auch zeigen, wie schlecht ein bestimmtes Theater ist, indem ich den szenischen Mechanismus auseinandernahm.

Ist nicht die schöpferische Ohnmacht, die Amédée in «Wie wird man ihn los» erleidet, und die das Drama des Schöpfungsprozesses ausdrückt, das eigentliche Grundthema des Stückes?
Zum Teil ja. Seine Ohnmacht rührt daher, daß er sich fragt, ob die Literatur irgendeinen Wert habe, ob ihm das Schreiben zum Heil gereichen könne. Seit ich zu schreiben anfing, habe ich mir immer wieder die Frage gestellt, ob sich die Mühe des Schreibens lohne, ja sogar, ob sich die Mühe lohne, irgend etwas zu tun.

Am eindrücklichsten ist es, daß Sie uns einen Autor zeigen, der sich vergeblich um die Schöpfung einer phantastischen Vorstellungswelt müht und plötzlich in seinem eigenen Leben dem Phantastischen gegenübersteht, das heißt dem gegenübersteht, was er auf dem Papier entstehen lassen wollte. Bedeutet das nicht, daß die Quelle des Phantastischen eher im Erlebten als im beabsichtigten und überlegten Schreiben liegt?

Vielleicht. Schreiben ist immer bewußt. Wenn man schreibt, läßt man Phantasievorstellungen, Albträume auftauchen, hervorquellen, Dinge, die man selbst zuerst nicht klar erfaßt. Durch die Niederschrift erhalten diese Dinge einen Sinn; denn sie werden vom Bewußtsein aufgenommen und erkannt. Das Eigentliche des Kunstwerks besteht ja darin, Unbewußtes bewußt zu machen. Das heißt, die Sprache des innersten Bewußtseins in die Alltagssprache zu übersetzen. Ich weiß nicht, ob mir das gelungen ist. Aber wie gesagt, Schöpfung ist Erforschung. Der Autor oder die Hauptperson steht vor dem Problem, zu wissen, ob er schreiben muß oder nicht. Wer nicht schreibt oder nicht schreiben kann, glaubt nicht an den Nutzen der Literatur. Schreiben oder Nichtschreiben, das ist bereits eine Antwort.

Welche Antwort findet Ihrer Meinung nach Amédée, der sich mit dem Schreiben herumschlägt?
Sie liegt in den phantastischen Bildern, die er aus sich hervorholt und dem Bewußtsein zur Kenntnis bringt.

Eigentlich bringen S i e diese Bilder dem Bewußtsein zur Kenntnis; denn Amédée ist unfähig, sein Werk zu vollenden, und Sie stellen sein Drama auf die Bühne.
Amédées Literatur besteht im Grunde aus seinen Phantasien, seinen Problemen, seinen Albträumen. Und wer hat das Stück geschrieben? Wer hat es dem andern eingeblasen? Er? Oder ich?

Das müssen Sie gewesen sein; denn das Stück heißt «Amédée» und nicht «Ionesco oder Wie wird man ihn los».
Natürlich «ich». Nicht Gott. Aber ein anderes «Ich», das sich enthüllt und spricht.

Ich komme auf das Theater im Theater zurück. In Ihrem letzten Stück «Hunger und Durst» geben zwei Clowns, Tripp und Brechtoll, vor Hans und den Mönchen des Klosters eine

Vorstellung, die in gewissem Sinne eine Parodie auf das Lehrtheater ist. Daneben aber bietet uns diese Vorstellung in der Vorstellung ein doppeltes Widerspiel, das Kloster, die Kasernen, die Gefängnisse als Darstellung unserer Gesellschaft, und das Spiel von Tripp und Brechtoll als Widerspiel dieser Gesellschaft in ihrer ganzen Komplexität und ihrer Widersprüchlichkeit. Ist es so?

Ja, unter anderem. Da ist auch die Tatsache, daß alle Glaubensbekenntnisse, für die wir uns schlagen, austauschbar sind, daß jeder von uns — an eine andere Stelle versetzt — das Gegenteil von dem glauben kann, was er geglaubt hat. Es ist gewissermaßen eine Nivellierung der Werte oder des Nihilismus.

Haben Sie an Rotrou oder Pirandello gedacht, als Sie Lust zu diesem doppelten Widerspiel, dem Theater im Theater, verspürten?

Nein, im Ernst, ich habe nicht daran gedacht. Aber ich stehe ganz bestimmt unter dem Einfluß von allem, was ich gelesen oder gesehen habe, seit ich sehe, seit ich lese, seit ich lebe.

Zeigen Sie das Theater im Theater so gern, weil die Vorstellung auf der Bühne manchmal viel faszinierender, wirklicher als die Wirklichkeit erscheint?

Die Behauptung, das Wirkliche werde im Theater wirklicher, ist richtig und falsch. Es wird insofern realer, als es uns durch das Theater bewußt wird. Das Theater oder sonst ein Ausdrucksmittel kann uns nur deshalb helfen, der Wirklichkeit bewußt zu werden, weil die Realität der Vorstellung gültiger und einprägsamer ist als die Alltagsrealität. Wir leben in der Alltagsrealität, ohne ihrer bewußt zu werden. Durch Theater, Literatur oder andere Forschungstechnik begreifen wir sie besser, werden mit ihr konfrontiert. Durch das Theater, durch die Kunst sind wir nicht mehr in die Wirklichkeit eingetaucht, sondern wir sehen sie. Aber ich muß zugeben, daß mir die Literatur seit geraumer Zeit der Gewalt und der Schärfe der Ereignisse nicht mehr gewachsen scheint; sie vermag sie nicht mehr zu packen, einzureihen, zu erhellen.

LITERATUR UND THEATER
HEUTE UND MORGEN

CLAUDE BONNEFOY: *Sie sagten, seit geraumer Zeit scheine Ihnen die Literatur der Gewalt der Ereignisse nicht mehr gewachsen. Könnten Sie diesen Gedanken näher ausführen?*

EUGÈNE IONESCO: Gegenwärtig wird eine sehr schlechte Literatur produziert, ich meine den «Nouveau Roman». Es handelt sich meiner Ansicht nach um eine Art Psychose oder Schizophrenie. Die Schriftsteller, die dieser Literaturgattung huldigen, stellen zwischen sich und die Welt alle möglichen Hindernisse. Ihre Gefühlskälte gegenüber der Welt wird immer größer, obwohl Kunst und Literatur nur Ergriffenheit und Kenntnis der Dinge durch das Herz sein können. Sie schaffen aber auch keine philosophischen Werke, dazu genügt ihr Scharfsinn nicht.

Am meisten beunruhigt es mich, daß sie sich von der lebendigen Wahrheit abwenden. Ich habe vor zwei oder drei Jahren im «Figaro» einen Artikel von Butor gelesen. Der Artikel wurde in Berlin zur Zeit der «Mauer» geschrieben, als junge Leute, die diese Mauer überklettern wollten, erschossen wurden. Butor schilderte die Atmosphäre in dem Vortragssaal in Westberlin, wo er gesprochen hatte: Wie er in dem Saal stand, wie das Scheinwerferlicht seine Hand beleuchtete, wie er ein Geräusch vernahm, wie er auf Fragen antwortete, wie seine Stimme war, und so weiter. Das waren literarische Übungen, zugegeben; aber sie zeugten gleichzeitig von einer tiefen Geringschätzung des menschlichen Dramas, der tragischen Ereignisse, die in dem Augenblick ein paar Meter von ihm entfernt vor sich gingen; er erwähnte sie absichtlich nicht.

Diese Gefühlskälte ist weitverbreitet. Nicht nur bei den Schriftstellern. Der ungarische Schriftsteller Ödön von Horvath hat schon vor dem Krieg darauf hingewiesen. Er war Lehrer in einem österreichischen Gymnasium. Er erzählte, daß er eines Tages sah, wie sich vier oder fünf Knaben auf einen andern stürzten und ihn schlugen. Er trat dazwischen, trennte sie und sagte zu ihnen: «Schämt ihr euch nicht, so viele gegen einen?» Die vier oder fünf Jungen, die ein paar Jahre später bestimmt zur SS gehörten, schauten ihn mit ausdruckslosen, gefühllosen, unmenschlichen Augen, mit Fischaugen an. Mir scheint, wir treiben immer mehr dahin. Ich weiß auch, daß ein übertriebenes Schuldgefühl fehl am Platz ist, daß es lähmt. Aber der vollständige Mangel an Schuldgefühl ist viel schlimmer. Das ist nicht nur ein Gemütsfehler, sondern auch ein Intelligenzfehler. Ich behaupte, daß es der neuen Literatur der Mandarine trotz ihrer Verschlagenheit an Intelligenz mangelt. Bestimmt finden wir auch im «Nouveau Roman» interessante Versuche: Robert Pinget, Nathalie Sarraute, vielleicht noch Claude Simon sind Schriftsteller. Die andern sind von jeder menschlichen Substanz entblößte Literaten: eine ungeheuerliche Selbstgefälligkeit erfüllt sie.

Sie sprachen im Zusammenhang mit den grausamen Kindern von Fischaugen, von einem leeren Blick. Ein Mann wie Robbe-Grillet scheint mir im Gegenteil einen sehr scharfen Blick zu haben, der zwar nicht in die innersten Gefühle eines Menschen einzudringen versucht — man kann sich ja nicht an die Stelle eines andern versetzen —, der aber doch das Verhalten, die Tatsachen genauestens beobachtet und sie aufdeckt.

Den Gegenbeweis liefert der vorhin erwähnte Artikel von Butor. Bestimmt kann· man in der Literatur versuchen, das Gesehene zu verstehen, das Verhalten von außen her zu entziffern. Das kann jeder, und Simenon hat es schon gemacht. In einem seiner Romane wird ein Professor Zeuge eines Verbrechens, das auf der andern Straßenseite passiert. Da er das Verbrechen gesehen hat, da er voll davon ist, da er gefühlsmäßig daran teilgenommen hat — ohne dazwischenzutreten —, wird er schließlich festgenommen; sein moralisches

Schuldgefühl wird zu einem tatsächlichen Schuldgefühl, und man weiß nicht mehr, ob er dem Verbrechen nur beigewohnt oder ob er es begangen hat.

Sie glauben also nicht, daß der «Nouveau Roman» einen Beitrag zur zeitgenössischen Literatur bilden könnte?
Ich glaube, daß er eine ausgesprochen französische Erscheinung ist, und daß sie in eine Sackgasse führt. Ich glaube auch, daß man später über diese Romane, über diese Werke lachen wird, zum Beispiel über den Film «Letztes Jahr in Marienbad» von Robbe-Grillet und Resnais. Ich glaube Robbe-Grillet gern, wenn er sagt, daß er großen Anteil an diesem Film hat; denn Resnais, der «Nacht und Nebel» gemacht hat, ist viel vornehmer, großzügiger, viel freier, lebendiger. Ich denke, daß man in ein paar Jahren über die Personen in diesem Film herzlich lachen wird. Man wird lachen, weil sie hohl sind. Man hat den Eindruck, der Drehbuchautor wolle mit jedem Bild sagen: «Schaut her, wie intelligent ich bin, und wie ich den Sachen nachgehe.» Tatsächlich ist aber nichts daran, nur Personen mit leerem Blick wie Schaufensterpuppen.

Aber handelt es sich nicht darum, eine hohle, leere Gesellschaft zu zeigen, sie ohne Erklärungsversuch von außen zu zeigen?
Die Menschen sind in allen Gesellschaften gleich, diese hier spiegeln nur die innere Leere des Autors. Es ist keine Kritik an der geistigen Leere anderer, sondern die Unfähigkeit, die andern kennenzulernen, eine Gleichgültigkeit ihnen gegenüber, die Unfähigkeit, sie zu durchdringen.

Ist der Palast von Marienbad nicht die Welt der Vogue? Hat der «Nouveau Roman» nicht die Romanliteratur von der Psychologie befreit wie Sie beim Drama mit der «Kahlen Sängerin»?
Ich wollte in meinen Stücken eine Entlarvung der Mechanisierung und der Leere zum Ausdruck bringen. Man entrinnt

der absoluten Leere, wenn diese Entlarvung tragisch ist. Trotzdem findet, wie ich hoffe, eine Auseinandersetzung statt. Meine Personen sind zwar Marionetten, aber sie sind schmerzempfindliche Marionetten. Karikatur ist Kritik. Meine Personen sind lächerlich, weil sie nichts sind. In dem erwähnten Film sind sie feierlich und seltsam.

Sie werfen dem «Nouveau Roman» vor, daß er das Tragische ausgeklammert hat?

Genau. Ich weiß nicht, ob meine Stücke gelungen sind oder nicht, aber ich wollte Personen zeigen, die auf der Suche nach einer wesentlichen Wirklichkeit sind. Sie leiden darunter, daß sie von sich selbst abgeschnitten sind. Daß die Menschen von ihren Wurzeln getrennt sind, daß sie sich verzweifelt suchen, das ist das Absurde — wie die Personen Kafkas, dessen Hauptthema das Labyrinth ist, ihre tiefe Wirklichkeit suchen. Und diese Personen leiden unter ihrem Nicht-Sein, leiden unter ihrem Mangel, während sie in einer gewissen Literatur nicht einmal mehr leiden; sie sind entmenscht.

Glauben Sie, daß es eine Krise der zeitgenössischen Literatur gibt, und daß die Literatur neue Wege suchen muß?

Gott sei Dank gibt es eine Krise. Schlimm wäre es, wenn es keine Krisen mehr gäbe. Solange es Krisen gibt, gibt es auch Versuche. Wir sind immer in einem Krisenzustand. Die ganze Geschichte ist eine Geschichte der Krisen. Nichts ist endgültig. Es gibt keine klassifizierte klassische Epoche. Alles ist eine Periode des Übergangs zu einer Periode, die ihrerseits ein Übergang ist. Solange Krise und Angst bestehen, gibt es wirkliches Leben, kulturelles Leben, geistiges Leben. In dem Augenblick, wo die Literatur akademisch wird, die Literaten Mandarine werden, wo die Literatur nicht mehr um sich blickt, sondern sich selbst zuschaut, erstarren die Dinge, tritt der Tod ein. Heute schaut allerdings ein großer Teil der Literatur nur auf die eigene Technik. Das wird zur Bastelarbeit.

Welche Bedeutung messen Sie selbst der Technik zu?
Es ist unmöglich, sich nicht für die Technik zu interessieren. Einem Schriftsteller ist es unmöglich, sich nicht um seine Ausdrucksmittel zu kümmern, und in gewissem Sinne ist die Kunstgeschichte die Geschichte ihrer Ausdrucksmittel. Nur muß man sich zuerst darum kümmern, was man zu sagen hat, dann erst um die Mittel, die die Aussage ermöglichen, und nicht zuerst um die Technik. Das Bemühen um den Inhalt und das Bemühen um die Form müssen gleiche Bedeutung haben; denn alles ist Inhalt und Form zugleich. In der Kunst versuchen wir, gewisse unmittelbare Dinge zu übertragen, die noch nicht ausgedrückt worden sind. Eine Sache ist am Anfang unmitteilbar, weil sie noch nie mitgeteilt wurde, und am Schluß ist sie nicht mitteilbar, weil die Ausdrücke, die ihr als Stützpunkt dienen, verbraucht sind. Was mich betrifft, so versuche ich, gewisse innere Wirklichkeiten auszudrücken: die Bilder, die hervorquellen. Natürlich interessiere ich mich für ihren Ausdruck, wie ich auch jetzt nach Worten suche, um Ihnen eine Antwort zu geben; aber ich suche die Worte nicht um der Worte willen.

Die ideale Technik bezweckt doch, sich selbst zu vergessen?
Sicher, aber das heißt immer noch, daß man sich mit der Technik zuviel beschäftigt. Auf jeden Fall gibt es im «Nouveau Roman» sehr oft nur Beschreibungen von Oberflächlichkeiten: die Seele ist gestrichen.

Wir sprachen soeben von der Krise in der Literatur. Man spricht auch viel von der Krise des Theaters. Glauben Sie, daß die beiden Krisen zusammenhängen?
Die Theaterkrise betrifft die Erneuerung der Ausdrucksmittel. Damit widerspreche ich mir nicht. Man muß die Worte suchen, um Dinge zu sagen, die noch nicht voll und ganz oder auf andere Art und Weise gesagt worden sind. Neben der Literaturkrise gibt es eine spezifische Theaterkrise. Man könnte geradezu von mehreren Krisen sprechen. Da ist zu-

erst einmal die Geisteshaltung der Theaterleute, die belehren wollen, wo es doch gälte, mit dem Publikum zusammen zu entdecken. Sie müßten erst einmal selbst nachdenken. Aber vielleicht verfügen sie nicht über die nötigen Mittel für diese Entdeckung. Dazu kommt die Tatsache, daß das Publikum die Gewohnheit hat, ins Theater zu gehen, um realistische Stücke zu sehen. Es nimmt den Nicht-Realismus auf anderen Kunstgebieten an, im Theater nimmt es ihn nicht an. Wir sprachen schon darüber: Es begreift schwer, daß das Phantastische durch andere Mittel dargestellt werden kann als durch technische, und gleichzeitig will es keine Maschinerie. Wir brauchten eine Umschulung des Publikums.

Glauben Sie nicht, daß die kulturellen Veranstaltungen ihren Teil zu dieser Umschulung beitragen könnten?
Wir brauchten als Leiter unabhängige Köpfe. Dazu taugen weder Politiker noch Damen der Patronatsvereine. Wir wollen hoffen, daß die Theaterdirektoren eine Bewegung unter den Jungen schaffen, obwohl die geistigen und pädagogischen Mittel, über die sie verfügen, nicht genügen.

Planchon hat bereits, so scheint mir, einen interessanten Theaterstil beigesteuert. Wenigstens hat er die großen klassischen Werke unter den Vorstadtbewohnern bekannt gemacht.
Ich habe sehr wenig von ihm gesehen, aber ich mag es nicht, wenn man Shakespeare oder Molière «neuschreibt», wenn man der Venus von Milo Arme anklebt. Man hat das Recht, einen Autor auf verschiedene Weise zu interpretieren, sein Werk in einem neuen Licht zu zeigen; man hat aber kein Recht, den Sinn des Werkes vorsätzlich zu verfälschen, nur damit es Wasser auf die ideologische Mühle spendet.

Mir persönlich hat zum Beispiel Planchons Interpretation von «Georges Dandin» sehr gefallen. Er hat es verstanden, das Leben auf dem Bauernhof lebendig zu machen, Georges

Dandin im Zwiespalt zwischen der bäuerlichen Gesellschaft, in der er immer gelebt hat, und seinen Schwiegereltern, diesen reichen Bürgern, zu zeigen. Er ist zwar von einer marxistischen Analyse ausgegangen, aber sie hat es ihm ermöglicht, ein überaus lebendiges Schauspiel zu bieten.

Der Bürger ist Dandin. Und er wird dafür bestraft, daß er den Adel zu sehr bewundert, daß er eine adlige Frau wollte. Er schätzt sich selbst nicht hoch genug ein. Er wird bestraft, und das geschieht ihm recht. Diese Moral müßte man vielleicht dem Stück geben.

Wie soll Ihrer Meinung nach ein heutiger Regisseur an ein klassisches Werk herangehen?

Vor allem soll er es nicht verfälschen; man darf die Geschichte nicht neu schreiben und umdeuten. Sicher sind verschiedenartige Interpretationen möglich, aber man darf das Objekt nicht verändern; man setzt der Mona Lisa keinen Schnurrbart auf und läßt dann die Leute kommen und sagt zu ihnen: «Seht her, wir haben die Mona Lisa entmystifiziert; sie hatte schon immer einen Schnurrbart, und das hat man vor euch verborgen.» Genauso verändert man einen edlen Zweikampf nicht in einen feigen Mord, wie Planchon das in Shakespeares Stück unter dem Vorwand, er entmystifiziere das Rittertum, getan hat; denn Shakespeare hat das nicht gewollt; er hat sich im übrigen nicht gescheut, die Fürsten in den düstersten Farben zu schildern, wenn er es wirklich wollte.

Seit 1950 spricht man viel vom Avantgardetheater. Was verstehen Sie unter diesem Ausdruck? Was bedeutet Ihnen dieses Theater? Welche Dramatiker dieser Art finden Sie am interessantesten?

Ich weiß nicht genau, was Avantgardetheater ist. Aber ich kann feststellen, daß es heute ein Theater gibt, das über einen neuen Ausdruck verfügt. Mir scheint, auf dem Theater geschieht heute, was in der Literatur im letzten Jahrhundert geschehen ist. Da waren erst die Romantiker, Musset und Lamartine; sie redeten ausführlich über die Traurigkeit, die Melancholie, die Verzweiflung; dann fand mit Lautréamont und Rimbaud eine wirkliche Vertiefung statt, sie redeten nicht mehr über Verzweiflung, über Traurigkeit, sondern sie erlebten die Verzweiflung, die Traurigkeit. Mit ihnen wurde das Reden überwunden, es gab kein Gerede mehr. Alles wurde Bild, Leben, Leben sogar im animalischen Sinne. Heute haben wir gute Dramatiker, wie Maulnier und Sartre; sie legen Probleme dar, und die Personen illustrieren sie mehr oder weniger. Bei ihnen wird aber noch geredet. Bei Weingarten und Dubillard dagegen ist das Theater sichtbar geworden, es ist Bild geworden, Veranschaulichung der Angst. Es ist wie bei Boris Vian — ich denke an die «Reichsgründer» — lebendiges Bild geworden, es ist nicht mehr Gerede über unbestimmte Wahrheiten.

Wie definieren Sie zum Beispiel Dubillards Bilder?
Es sind bei Dubillard vielleicht nicht immer noch nie dagewesene Bilder, aber kein Gerede, eine bestimmte Melodie, eine Melancholie, Personen zwischen zwei Welten, Menschen, die jenseits der Worte leben; die Worte sagen nicht aus, sie suggerieren. Die Dramatiker des neuen Theaters sind tatsächlich Dichter.

Ist dieses Theater nicht von Dramatikern älterer Generationen angekündigt worden?
Es gab Versuche, die nicht immer gelangen, weil sie nicht überlegt, zu überstürzt waren. Es gab die Versuche einiger Surrealisten, Philippe Soupault, vielleicht noch Desnos Tzara, vielleicht Picasso mit seinem Stück «Wie man Wünsche beim Schwanz packt», vielleicht Vitrac. Da war vor allem Alfred Jarry. «König Ubu» ist ein sensationelles Werk, in dem der Autor nicht von Tyrannei spricht, sondern in dem er die Tyrannei zeigt in der Gestalt Vater Ubus, des widerwärti-

gen Biedermannes, der archetypischen Verkörperung der materiellen, politischen, moralischen Freßsucht.

Welche zeitgenössischen Dramatiker schätzen Sie am meisten?
Ich weiß nicht. Ich mag Dubillard, Weingarten, Amos Kenan . . .

Obaldia?
Nein, jedenfalls noch nicht. Arrabal . . . ihm fehlt noch etwas, eine Kraft, eine Dimension. Er wird sie bekommen. Daß es drei bis vier bedeutende Dramatiker sind, ist das nicht schon viel?

Und Beckett?
Ich liebe ihn sehr, natürlich, obwohl er zu systematisch geworden ist. Er hat die Bühne von ihren Nebensächlichkeiten gereinigt, er hat keine Konzessionen an das Publikum gemacht, er kann schreiben, er kann denken, nur entwickelt sich seine Dramaturgie zu einer Technik. Es ist, als machte er «jetzt» Konzessionen an «sein» Publikum, das er geformt hat. Man hat manchmal den Eindruck, er wolle nicht mehr sagen, was er zu sagen hat, sondern die Technik herausfinden, die den Zuschauer verblüfft. Nach den Mülleimern verwendet er Tonkrüge, dann beerdigt er seine Personen und so weiter. Eine ununterbrochene Reihe von Großtaten.

Mir scheint, er sucht weniger die Großtat als die Enthüllung, die Nacktheit, die Stille . . .
Bestimmt steht ein großer Ernst dahinter. In der Suche nach seinen technischen Mitteln drückt sich etwas aus, das er einkreisen oder erreichen möchte. Ich habe den Eindruck, daß er im Augenblick formalistisch wird. Bestimmt nicht in dem Sinne, den ihm die Schulmeister und Fanatiker gegeben haben. Ich glaube, bei ihm herrscht jetzt vor allem eine Suche nach der Form. Denn das Wesentliche, was er zu sagen hatte,

das hat er mehrmals gesagt, in «Warten auf Godot», in «Endspiel», in «Glückliche Tage».

Finden Sie, daß sich die jungen Dramatiker von Beckett inspirieren lassen oder über dieses begrenzte Theater hinausgehen und etwas anderes suchen sollten?
Auf alle Fälle pflegt Beckett seine Schüler. Ich glaube, er ist einer der seltenen modernen Schriftsteller — außer den Leuten vom «Nouveau Roman» —, der Schüler will. Nicht, weil er Meister einer Schule sein möchte — bei ihm ist das subtiler, menschlicher als bei den Autoren des «Nouveau Roman» —, sondern damit es eine Beckettfamilie gibt. Es ist gefährlich, Schüler zu haben, denn die Schule ist nie auf der Höhe des Meisters. Dabei kann der Umstand, daß es keine Schüler gibt, auch heißen, daß der neue Stilausdruck nicht in der lebendigen Wirklichkeit verankert ist. So widersprüchlich ist die Literatur.

Fordert eine Schule nicht dazu auf, Stellung für oder gegen sie zu beziehen, und ist damit die Frage, was in der Zukunft zu geschehen hat, nicht bereits formuliert?
Das Interesse einer Schule besteht darin, einen Stil zu schaffen, der dann zerstört werden muß.

Kann das Avantgardetheater heute nicht als Schule gelten?
Eine Strömung ist keine Schule. Eine Strömung wird nicht von zwei oder drei Personen, sondern von zehn, zwanzig, dreißig Schriftstellern geschaffen. Wenn es vierhundert sind, dann ist Schluß.

Sie haben Audiberti und Vauthier nicht genannt. Welchen Platz nehmen ihre Dramen ein, und wie stehen Sie zu ihnen?
Beide sind Meister der Sprache. Vauthier ist vielleicht dramatischer, theatergerechter. Audiberti ist vielleicht reicher in seiner Worterfindung. Auf jeden Fall haben sie dem Theater einen literarischen Wert zurückgegeben, den es scheinbar

verloren hatte. Die Dramatiker, vor allem die Boulevard-
autoren, haben keinen Sinn für literarischen Wert. Ein Werk
besteht aber durch seinen literarischen Wert.

Ich habe sicher nicht Vauthiers Wortreichtum, schon gar
nicht Audibertis Sprachschatz, doch habe ich versucht, ein
anderes Theater zu machen und ihm einen poetischen Ton
zu geben, der nicht in der Alltagssprache, sondern in der
Sprache der Bilder liegt. Die Alltagssprache wollte ich in
meinen ersten Stücken verspotten, zertrümmern. Ich tat das
aus Opposition zu einem Theater, dessen literarischer Ausdruck nicht genügend poetisch war, und um der unheilvollen
Bühnenrhetorik den Hals zu brechen.

*In «Hunger und Durst», Ihrem letzten Stück, tritt das Be-
mühen um die poetische Sprache klarer als in früheren
Stücken hervor.*
In «Hunger und Durst» wie auch in «Der König stirbt» ist
die Sprache eher klassisch, traditionell literarisch, aber wenn
ich traditionell sage, meine ich damit nicht etwa die Rückkehr zur Tradition des Boulevardtheaters.

*Ist das Boulevardtheater nicht eher Abbild des Bürgertums
am Ende des vorigen Jahrhunderts, der damaligen Vorlieben
und Lieblingsbeschäftigungen, Salons, Ehebruch und so
weiter...*
Vielleicht. Ein unkritisches Theater. In jeder Gesellschaft
gibt es ein schlechtes Theater, das die Gunst des Publikums
genießt. Wie viele Farcen gab es im Mittelalter? Wie viele
sind geblieben? Im neunzehnten Jahrhundert mit seiner In-
flation der Schreiberei wird es noch deutlicher, da war der
Abfall beträchtlich. Nur sehr wenige Werke blieben bestehen. Gewiß, da gab es Victor Hugo und Dumas, aber der
Wert ihrer dramatischen Werke scheint mir verschwindend
klein. Ich kenne nur zwei Dramatiker dieses Jahrhunderts,
deren Werke großen Wert hatten. Am Ende des Jahrhunderts Claudel mit seinem explosiven Lyrismus und Jarry. Bei

Jarry gab es auch die Suche nach einer neuen Sprache, nach einer bündigen, primitiven, karikierenden Sprache. Seine Personen sind außerordentlich stark, wild, bunt und wahr. König Ubu ist eine Gestalt, die über die Zeitgebundenheit hinausgeht: Kritik an einem bestimmten Menschentyp, gesehen zu seiner Zeit und zu allen Zeiten.

Ist dieses Doppelthema der Dummheit und der Tyrannei in König Ubu nicht mit Themen Ihrer Stücke verwandt, vor allem mit den «Nashörnern»?
Ich möchte es gern. Ubu ist als Person so vereinfacht, daß er zum Archetyp wird, daß er Gültigkeit und Wahrheit eines Mythos verkörpert. Er ist eine entmenschte Person, weil sie so menschlich ist, und zwar in dem, was am Menschen am schlechtesten und niedrigsten ist. Ich stand vielleicht unter seinem Einfluß, als ich aus meinen Personen Ungeheuer machte, als ich sie zu Nashörnern werden ließ.

Ihre Antworten regen mich zu zwei Fragen an. Erstens: Wie ist das Verhältnis von Theater und Poesie?
Das Theater ist Poesie, wie Gedichte, wie Romane Poesie sind. Poesie heißt ursprünglich Schöpfung. Sobald Schöpfung da ist, gibt es Poesie. Als poetisches Drama bezeichnete man öfters ein nach bestimmten Regeln verfaßtes Drama, die zu bestimmten Zeiten als poetisch galten. Aber sobald eine Welt und Personen geschaffen werden, die sowohl in der Phantasie als auch in der Wirklichkeit vorhanden sind, ist auch Poesie da.

Zweitens, bei Jarry haben Sie von Mythos gesprochen. Hat das Theater die Aufgabe, die großen Mythen seiner Zeit oder die großen Mythen der Menschheit darzustellen?
Bestimmt. Nur geht es nicht, wenn man es sich geflissentlich vornimmt. Wenn man eine archetypische Gestalt schaffen will, gelingt es nicht. Die Wirklichkeit eines Mythos läßt sich bestimmt analysieren. Sie kann klar erfaßt werden. Sie

stammt aber auch aus unkontrollierbaren Tiefen. Wenn man um jeden Preis die Mythen darstellen will, statt mythisches Theater zu machen, wird man ein intellektuelles oder ideologisches Theater machen. Im Grunde können erst das Publikum, die Kritiker, die Nachwelt nach einiger Zeit den mythischen Wert einer Dramengestalt entdecken.

Wenn Sie Ihre Stücke wiederlesen oder auf der Bühne sehen, denken Sie dann manchmal, eine Ihrer Gestalten könnte archetypisch werden, man könnte eines Tages von Behringer sprechen, wie man von Orest spricht?
Jeder Schriftsteller ersehnt das. Keiner kann behaupten, es sei ihm gelungen. Es ist nicht meine Sache, meine Werke, meine Gestalten zu beurteilen. Ich habe nur ein Urteil über bestimmte Realitäten gefällt, in denen sie sich befanden. Sie entstanden aus den Situationen. Wenn eine Gestalt Mythos werden könnte, dann vielleicht nicht Behringer, sondern das Nashorn. Aber ich werde Ihnen das in einem oder zwei Jahrhunderten sagen, wenn ich dann die Möglichkeit habe, meine Werke wiederzulesen ... meine eigene Nachwelt zu werden. Wahrscheinlich erlebe ich es nicht. Es ist sehr gut möglich — und ich hoffe es —, daß mein Stück von den Nashörnern einmal unverständlich wird in einer Welt, in der alle Menschen einen hellen Kopf haben, über eine freie Persönlichkeit, über selbständiges Denken verfügen, ohne von den andern abgesondert zu sein. Dann wird man nicht mehr verstehen, was ich sagen wollte. Oder man wird mein Stück als Dokument vergangener Zeiten zu enträtseln versuchen. Ich hoffe, daß es dazu kommt.

Wie sieht nun Ihrer Meinung nach die Zukunft der Literatur aus?
Ich frage mich, ob die Kunst nicht in einer Sackgasse steckt, ob sie in ihrer gegenwärtigen Form nicht sogar am Ende ist. Früher sah man die Schriftsteller, die Dichter als Seher, als Propheten an. Sie verfügten über eine Intuition,

eine wachere Empfindung als ihre Zeitgenossen, ja, sie entdeckten Dinge, und ihre Vorstellungskraft war dem, was die Wissenschaft erst ein Viertel- oder ein halbes Jahrhundert später entdeckte und einführte, voraus. Proust war, gemessen an der Psychologie seiner Zeit, ein Vorläufer.

Nun hat die Wissenschaft, die Tiefenpsychologie, seit etlicher Zeit enorme Fortschritte gemacht, die Schriftsteller mit empirischen Offenbarungen sehr geringe. Kann die Literatur unter diesen Umständen noch als Mittel der Erkenntnis gelten? Außerdem hindert man in vielen Ländern die Literatur daran, das zu sein, was sie noch sein könnte. Sie ist nicht mehr frei in ihrer Forschung; man zwingt sie, Dogmen, vorgefaßte Meinungen zu illustrieren. Während sie in den Zeiten ihrer Größe gerade solche vorgefaßten Meinungen bloßlegte, ist sie jetzt oft gezwungen, sie zu rechtfertigen, zu belegen und zu verbreiten. Aber in denselben Ländern, wo man die Literatur am Gängelbande führt, kann man den ungeheuren Aufschwung der Wissenschaft nicht verhindern. Daher kommt es vielleicht, daß die Wissenschaft Kunst und Literatur immer mehr hinter sich läßt.

Man sagte früher, daß die und die Landschaft diesem oder jenem Bild gleiche, daß die und die Lebenslage dieser oder jener Situation entspreche, die man in einem Roman gelesen oder auf der Bühne gesehen hatte. Seit der Raumschiffahrt und seit der unerhörten Weltschau, die die Astronauten erleben, muß die Literatur auf das Niveau der Wirklichkeit hinaufklettern. Kein Dichter vermochte sich das kosmische Schauspiel vorzustellen, das die Astronauten erlebt haben, und heraufzubeschwören.

Nehmen Sie das Fernsehen, und schauen Sie sich die Stücke, die Filme an, die es uns zeigt. «Telstar» ist an sich eine erstaunliche Erfindung. Und man benutzt sie, um ein Stück von Terence Rattigan auszustrahlen. Genauso ist der Film als Erfindung viel interessanter als die Filme, die man in den Kinos vorführt. Film, Rundfunk, Fernsehen sind wunderbare Dinge; die Film-, Hör- und Fernsehspiele dagegen sind ganz und gar nicht überraschend oder wunderbar. Die Kühnheit menschlichen Geistes findet ihren Ausdruck in der Technik, während Kunst und Literatur immer mehr ins Hintertreffen geraten.

Besteht nicht die Gefahr, daß dieser Pessimismus Sie vom Schreiben abhalten könnte?
Ich bin Schriftsteller, ich gehöre berufsmäßig zur Welt der Kunst. Ich mache diese trostlose Feststellung in der Hoffnung, daß man mir widerspricht oder mir Mut spendet. Aber für den Augenblick sehe ich nicht, daß uns die Literatur mehr geben könnte, als sie uns schon gegeben hat. Der «Nouveau Roman» ist Bastelarbeit. Was bleibt, ist das Basteln. Calder ist auch Bastelei. Und auch die Filme von Agnès Varda sind gebastelt, obschon sie glaubt, sie mache Philosophie.
Was mich betrifft, ich will nur sein, was ich bin. Politiker hätte ich nie werden wollen. Es ist herzzerreißend, daß die Welt noch immer von Politikern regiert wird, wo doch die Politik noch weiter hinter der Wissenschaft zurückgeblieben ist als die Literatur. Der geringste wissenschaftliche Forscher ist unendlich viel wichtiger als der größte Staatschef oder sonst ein berühmter Mann.

Sie sind Schriftsteller und wollen es bleiben, hat das seinen Grund nicht darin, daß Literatur und Poesie trotz allem, trotz der gegenwärtigen Erkenntnis ihrer Grenzen, in ihrem ureigenen Wesen einem Bedürfnis entsprechen, das die Wissenschaft nicht befriedigen kann?
Vielleicht gibt es immer eine Literatur, weil sie einem Bedürfnis entspricht. Literatur machen heißt eine Funktion erfüllen. Die Form, in der die Literatur heute erscheint, genügt nicht. Doch die Vorstellungskraft funktioniert immer weiter. Damit aber die Funktion der dichterischen Vorstellung wieder Gültigkeit gewinnt, muß eine gewisse Zeit verstreichen, bis der Dichter die Welt der Technik, die ihm ge-

genwärtig über den Kopf wächst, verarbeitet hat. Gegenwärtig scheint mir das Forschungsgebiet der Literatur geschlossen, und es gibt nur noch Einzelerfindungen. Telstar ist stärker als Terence Rattigan, stärker sogar als Saint-John Perse.

Ich glaube, daß man in Ihrer Antwort zwei Dinge festhalten kann. Erstens: während langer Zeit konnte die Vorstellungskraft den Vorrang vor dem Wissen halten, und die Literatur war wie die Wissenschaft ein Werkzeug der Forschung. Aber nur die Wissenschaft brachte Gewißheit. Heute haben die Wissenschafter die Wissenschaft so weit getrieben, daß der Schriftsteller sie nicht mehr überholen kann, und von selbst tritt die Spaltung ein zwischen der Wissenschaft, die Kenntnis ist und auf Objektivität und Allgemeingültigkeit hinzielt, und der Literatur, die als ihr eigentliches Gebiet immer mehr das Einmalige, das Gefühlsmäßige, die Empfindung für sich zu beanspruchen scheint. Zweitens: die Resultate der Wissenschaft (Fernsehen und Raumforschung) – und das läßt die Krise der Literatur und der Kunst im allgemeinen noch schärfer hervortreten – machen die Phantasie eines Jules Verne zur Wirklichkeit.
Die Wissenschaft, genauer: die von der Wissenschaft geschaffene Technik scheint gegenwärtig über die Vorstellungskraft des Schriftstellers hinauszugehen. Ist das nicht die Erklärung dafür, daß die Schriftsteller heute zu sich selbst zurückkehren, sich befragen, was Literatur bedeutet, und versuchen, die technischen Mittel der Literatur zu ergründen?
Ich sagte schon, diese Technik bleibt Bastelwerk. Die Schriftsteller wollen die Wissenschaft nachahmen oder sich an ihr inspirieren, ihre Methoden anwenden. Das ist falsch. Das einzige Gebiet, das die Literatur für sich hat, ist das des Gefühls. Ich finde es von den Leuten des «Nouveau Roman» besonders dumm, daß sie das Gefühl zerstören wollen, weil sie sich wissenschaftlich geben. Sie sind nur mindere Techni-

ker, Mechaniker. Solange wir Gefühlswesen sind, wird sich ein Bedürfnis nach Kunst fühlbar machen. Alles ist nur Leidenschaft. Man kann sogar sagen, wenn es keine Leidenschaft gäbe, keine Sehnsucht, kein Verlangen, dann gäbe es auch keine Wissenschaft.

Gibt es keine Hoffnung für die Literatur mehr?
Ich hoffe, daß es sich um ein vorläufiges Ende handelt, daß die Literatur wiedergeboren wird wie der Phönix aus seiner Asche. Aber sie wird eine andere Gestalt haben. Die Literatur ist gegenwärtig im Sterben begriffen; sie entspricht einer Funktion, die sich in anderer Gestalt, glaube ich, wieder zeigen wird. Der Roman ist nicht mehr möglich. Poesie, selbst die eines Saint-John Perse, ist nur Wortspiel. Das Drama ist sehr oft minderwertige Literatur, das heißt, man zeigt auf der Bühne Dinge zum Nutzen für Menschen mit ungenügender Vorstellungskraft. Wer über ausreichende Quellen der Vorstellung verfügt, braucht nicht ins Theater zu gehen. Dabei müßte das Theater Zeremonie, Ritual sein. Meistens ist es Propagandawerkzeug.

Was soll das Theater in unserer wissenschaftlichen Welt sein?
Es müßte materielle Erforschung sein, konkrete Erfahrung, es müßte die Möglichkeiten zur besseren Vorstellung geben, es müßte unvorhergesehen sein. Ich denke zum Beispiel an das neue amerikanische Theater, an das «Action Theatre», wo plötzlich Menschen auf der Bühne sind und sich nicht nur etwas vorstellen, sondern das, was sie sich vorstellen, auch erleben; sie rufen Dinge, Ereignisse hervor, die sowohl für sie als auch für die Zuschauer vollkommen unerwartet sind. Im Grenzfall, wenn die Zuschauer mitmachen, müßte jedermann Autor sein. Die Dramatiker vermittelten früher eine Form des imaginären Lebens. Heute muß das Theater jedem die Möglichkeit geben, zu erleben, Dichter zu sein, sein eigenes Unvorhergesehenes hervorzurufen.

Damit bestreiten Sie Ihre eigene Arbeit als Dramatiker.
Ich sollte wirklich keine Stücke mehr schreiben. Ich schreibe
Stücke, weil ich Dramatiker bin, wie jeder andere es auch
sein könnte. Es wird, wie ich hoffe, immer mehr Dramatiker
geben. Was ich schreibe, ist isolierte Improvisation, die sich
dann auf einer Bühne wiederholen wird. Das Schreiben ist
meine Art, zu improvisieren. Daneben habe ich auch eine
moralische Seite. Ich will gewisse Mißstände anprangern.
Das ist vielleicht nicht die Funktion der Kunst, sondern sie
müßte das Irreale real machen, das Unvorhergesehene entstehen lassen. Ich glaube schließlich doch, daß noch ein
paar kleine Dinge zu machen sind.

*Dem äußern Anschein zum Trotz besteht kein Widerspruch
zwischen Ihren beiden Behauptungen: die Literatur ist am
Ende, die Literatur kann noch etwas vollbringen. Die Wissenschaft wird uns in der Zukunft das umfassende Verständnis für das Weltall, das Leben geben, aber die Literatur wird
die spontane Erscheinungsform des Lebens sein, das heißt die
natürliche Reaktion des Lebens auf wissenschaftliche oder
pseudowissenschaftliche Dogmatik. Oder nicht?*
Vielleicht. Ich muß zum Schluß feststellen, daß wir zwar
viel von Humor gesprochen, aber in unseren Gesprächen ihn
kaum angewandt haben. Sollte das eine indirekte Art sein,
ihn doch zu haben? In der Paraphysik sind auch Würde und
Ernst Formen des Humors.

ERWÄHNTE WERKE VON EUGÈNE IONESCO

Eugène Ionesco

1912	Geboren am 26. November in Slatina, Rumänien
1913—24	Lebt mit seinen Eltern in Paris
1925	Rückkehr nach Rumänien. Studiert in Bukarest romanische Philologie und Literaturwissenschaft, wird anschließend Professor und Literaturkritiker
1936	Heiratet seine Frau Rodica
1938	Erhält ein Stipendium für eine Dissertation in Paris
1939	Kehrt zu Beginn des Krieges noch einmal nach Rumänien zurück, wird von seiner Regierung erneut nach Frankreich geschickt, wo er den Krieg in Marseille übersteht
1944	Geburt seiner Tochter Marie-France
1949	Geburt einer zweiten Tochter: Sängerin und kahl . . . Erst in diesem Jahr beginnt er Theaterstücke zu schreiben, als erstes «La Cantatrice Chauve» («Die kahle Sängerin»)

Claude Bonnefoy

1929	Geboren in Clermont-Ferrand, Frankreich
1948	Erhält den Paul Valéry-Lyrikpreis. Nach dem Studium der Philosophie ist er einige Jahre als Lehrer tätig. Er hat einen Essay über Jean Genet veröffentlicht und ist Mitarbeiter bei «Arts».